学生必知的奥秘奇闻

AOMIQIWEN

徐井才◎主编

新华出版社

图书在版编目（CIP）数据

学生必知的奥秘奇闻/徐井才主编.
—北京：新华出版社，2013.1（2023.3重印）
（优秀学生必读必知丛书）
ISBN 978 - 7 - 5166 - 0332 - 1 - 01

Ⅰ.①学…　Ⅱ.徐…　Ⅲ.①科学知识—少儿读物　Ⅳ.①Z228.1

中国版本图书馆 CIP 数据核字（2013）第 016168 号

学生必知的奥秘奇闻

主　　编：徐井才

封面设计：睿莎浩影文化传媒　　　　责任编辑：张永杰

出版发行：新华出版社
地　　址：北京石景山区京原路 8 号　　　邮　　编：100040
网　　址：http://www.xinhuapub.com
经　　销：新华书店
购书热线：010 - 63077122　　中国新闻书店购书热线：010 - 63072012

照　　排：北京东方视点数据技术有限公司
印　　刷：永清县晔盛亚胶印有限公司

成品尺寸：165mm×230mm
印　　张：12　　　　　　字　　数：188 千字
版　　次：2013 年 3 月第一版　　印　　次：2023 年 3 月第三次印刷
书　　号：ISBN 978 - 7 - 5166 - 0332 - 1 - 01
定　　价：36.00 元

目　录

宇宙奥秘

地球奥秘

人体奥秘

动物奥秘

植物奥秘

社会奥秘

科技奥秘

军事奥秘

建筑奥秘

文化奥秘

艺术奥秘

人物奥秘

宇宙奥秘

宇宙是万物的总称，是时间和空间的统一。从哲学的角度来看，宇宙是无始无终，无边无际的。然而，宇宙空间实际上包含了众多的星际物质，其中就有我们人类生存的太阳系。

宇宙起源之谜

1929年，美国天文学家哈勃公布了一个震惊科学界的新发现。根据这个发现，哈勃得出了这样的结论：所有的河外星系都在离我们远去，即宇宙在高速膨胀。这一发现让一些天文学家认为，既然宇宙在膨胀，那么最初肯定有一个膨胀的起

▲ 宇宙大爆炸的瞬间（电脑效果图）

点。比利时天文学家勒梅特认为，现在的宇宙是由一个"原始原子"爆炸而成的。这是大爆炸说的前身。美国天文学家伽莫夫接受并发展了勒梅特的思想，于1948年正式提出了大爆炸学说。伽莫夫认为，宇宙最初是一个温度极高、密度极大的由最基本粒子组成的"原始火球"。根据现代物理学，这个火球必定迅速膨胀，它的演化过程好像一次巨大的爆发。膨胀使得宇宙的密度和温度不断降低，

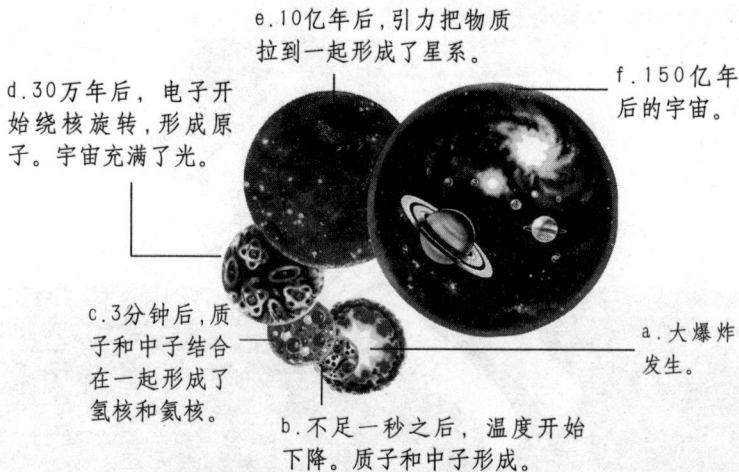

e.10亿年后，引力把物质拉到一起形成了星系。

f.150亿年后的宇宙。

d.30万年后，电子开始绕核旋转，形成原子。宇宙充满了光。

c.3分钟后，质子和中子结合在一起形成了氢核和氦核。

a.大爆炸发生。

b.不足一秒之后，温度开始下降。质子和中子形成。

▲ 宇宙形成示意图

在这个过程中逐渐形成了由原子、分子构成的气体物质。气体物质又逐渐凝聚成星云，最后从星云中逐渐产生各种天体，正是它们组成了现在的宇宙。

宇宙到底什么样

你玩过套盒的游戏吗?小盒子可以依次放入大一些的盒子中，只要盒子能做得无限大，它就能将比它小的盒子不停地套下去。

宇宙就是一个最大的套盒，它由无数小套盒——星系组成。地球所在的太阳系，就是银河系中的沧海一粟。在银河系之外，大约有10亿个同银河系类似的星系，称之为河外星系。

宇宙大得难以想象，它的年龄也古老得难以想象。据科学家的估算，宇宙已经存在了

宇宙背景辐射

到了1965年，宇宙背景辐射的发现更加证明了大爆炸说的正确性。原来，大爆炸说曾预言宇宙中还应该到处存在着"原始火球"的"余热"，这种余热应表现为一种四面八方都有的背景辐射。特别令人惊奇的是，伽莫夫预言的"余热"温度竟恰好与宇宙背景辐射的温度相当。另一方面，由于有关天文学数据已被改进，因此根据这个数据推算出来的宇宙膨胀年龄，已从原来的50亿年增到100～200亿年，这个年龄与天体演化研究中所发现的最老的天体年龄是吻合的。

上百亿年了。目前我们借助最先进的天文仪器能观测到150亿光年(光年就是光在1年中走的路程，光速为30万千米／秒)处的宇宙空间，但这还远不是宇宙的边界，宇宙仍在不断地向外膨胀。

最新的科学研究发现，在10亿光年以内的宇宙空间，宇宙的结构并不均匀。有些区域中没有星系，是一片空白区，而某些区域中的星系团却非常

▲ 天鹰星云中心部分的暗星云

密集。但在10亿光年以外的宇宙空间，星系在宇宙的各个方向均匀分布着。

总的来说，宇宙包容了我们所能想象到的一切。由于宇宙的无边无际和无始无终，人类对于宇宙的探索将是永无止境的。

银河系的秘密

银河系是比太阳系大得多的星系，它里面的恒星多达千亿颗，太阳也在其中，太阳只是银河系中一颗微不足道的恒星。银河系是一个中间厚、边缘薄的扁平盘状体，银盘的直径约10万光年，中央厚约1万光年。太阳系位于银河系边缘，距银河系中心约3.3万光年。

银河系中的主要居民是恒星，它们占了银河系质量的90%。这些恒星分布在广阔的银河系空间中。银河系的空间虽然极为辽阔，却并不是空无一物的真空，在银河系空间中充满密度极低的星际物质。

> **星云、星团**
>
> 星云是指天空中看起来像云雾一般的天体。星云分为气体星云和河外星云。前者位于银河系之中，气体发光看似云雾；后者与银河系相同，由许多恒星密集形成，也呈云状。
>
> 星团是指在一个极小的空间区域里，数十颗至数万颗以上的恒星聚集在一起所形成的恒星集团。数十到数百颗恒星不规则地聚集在一起的叫疏散星团。数以万计的恒星密集成球状的叫球状星团。

从不同的角度观察银河系，会发现它具有不同的形状。从上面看，银河系就像一个盘子，从侧面看银河系则像一块铁饼。

▲ 探测银河系

银河系的宏观结构由银盘和银晕构成，银盘就是上面讲到的扁平盘，银晕是包围着银盘的雾状物，由稀疏的年轻恒星和星际物质组成。

我们在夜空中看到的灿烂静谧的银河，其实时刻在进行着高速自转运动。银河系的自转速度为250千米／秒，它自转一周称为一个银河年。银河系的一年的确是太漫长了，它相当于2.5亿个地球年。

恒星的奥秘

恒星是与行星相对而言的，指那些自身会发光，并且位置相对固定的星体。太阳是恒星，我们夜晚看到的星星大多数都是恒星。说恒星看上去好像静止不动并不正确，因为它们不但在自转，而且都以各自不同的速度在宇宙中飞奔，只是因为它们距离我们太遥远了，所以人们不易察觉到。

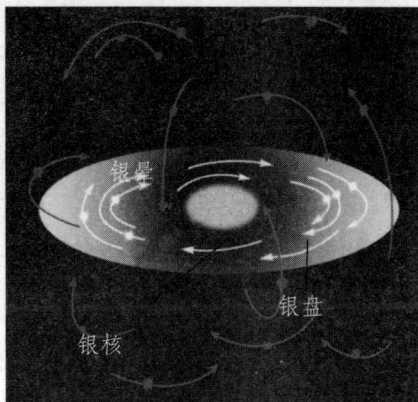

▲ 银河系结构示意图

你知道吗？看上去小小的恒星，其实都是极为庞大的球状星体，比如太阳这颗恒星就比地球的体积大130万倍，但在浩渺的宇宙中，太阳只是一颗普通大小的恒星，比太阳大几十倍、几百倍的恒星还有很多，例如超巨星就比太阳的直径大几百倍。只是太阳离我们近，其他恒星离我们远，我们无法察觉到这种差异而已。同样的道理，除太阳之外的恒星也在发光，但最近的比邻星也距离我们4光年远，我们感觉不到它的光和热，只能观测到一点星光而已。

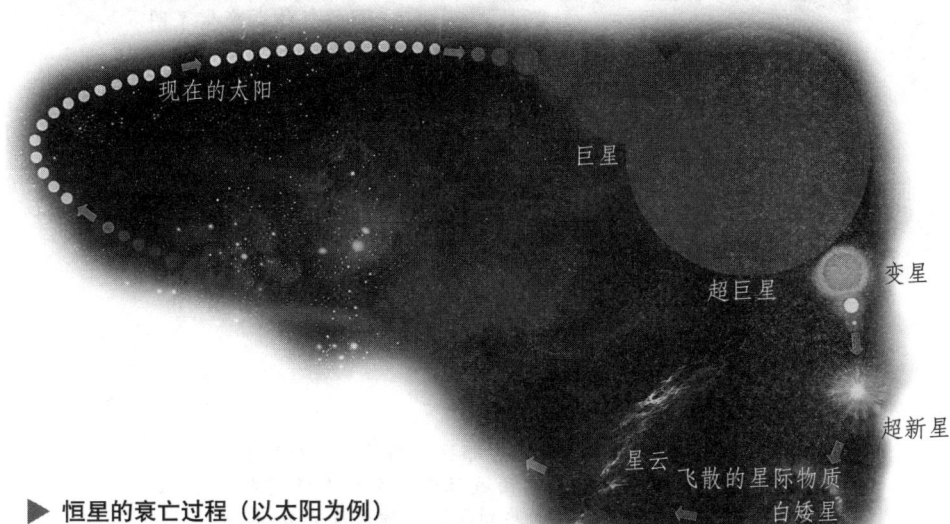

▶ 恒星的衰亡过程（以太阳为例）

在茫茫宇宙中，恒星多得难以计数。仅太阳所在的银河系中，可能就包含有1500亿颗恒星。

神秘的黑洞

　　20世纪70年代，天文界又出现了一个新名词——黑洞。今天，人们对"黑洞"这个名字已经不陌生了。天文学家和物理学家都在潜心研究它，爱好科学的人也都被它的奇特性质所吸引——它的引力场强得使包括光在内的任何东西都无法逃离它。

　　那么，在太空中这样的天体究竟是怎样形成的呢？我们知道，如果物质的密度不变，而物质的体积越大则质量越大，那么它的引力场也越大。如果恒星的质量固定不变，若使它不断地收缩，则恒星的密度就会越来越大，它的引力场也会越来越强，只要一直收缩下去，它就会变成一个黑洞。若太阳收缩到半径只有3000米那么大，那么，它就会变成一个黑洞，它的密度甚至可达每立方厘米200亿吨呢！

　　科学家认为，太空中应该有不同类型的黑洞，一种是"恒星级黑洞"，恒星

气体形成一条长的气流，离黑洞越近,跑得就越快。

气流撞上围绕黑洞的气体，产生了明亮的热点。

蓝色的巨型伴星。

在气体接近黑洞时,它在黑洞引力的拉动下被加热到1亿℃。

当过热的气体坠向黑洞时,它会发射出X射线。

▶ 找到黑洞
　　当黑洞靠近另一个星球时，它那巨大的引力会把粒子或气体从星球那儿吸走。这些东西被拉进一个气态螺旋形旋涡。这个旋涡中的气体会被加热到几百万摄氏度并发出X射线。科学家们正是从这些闪烁着的大功率X射线证实了黑洞的存在。

到了晚年，核能量全部耗尽，在自身引力的作用下开始坍缩，如果坍缩到密度为太阳的3倍的时候，就会形成黑洞。

另一种是"星系级黑洞"。在星系的中心部分，恒星非常密集，它们之间发生碰撞合并，结果形成一个质量极其巨大的天体，它坍缩后，就可以成为质量超过太阳1亿倍的超级黑洞。

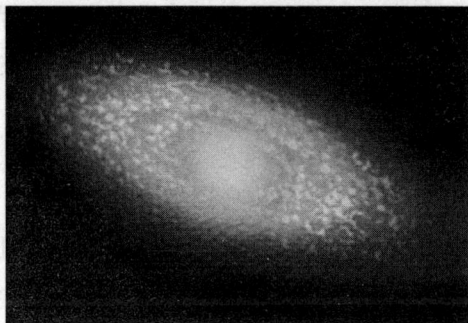

太阳系的形成

根据星云假说，太阳和八大行星是从同一块原始星云中凝聚而成的。

▲ 3. 气体圆盘破裂，形成无数类似小行星的物体，在其中心部分产生了星体类的物质。

▲ 4. 星体类物质逐步收缩并开始发光。类似小行星的物质在这个星体周围旋转时，会相互碰撞而变大。由于物体大，引力也大，会吸引住周围的物质。就这样它就越变越大。

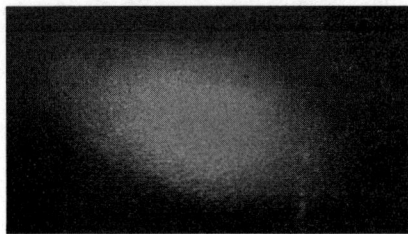

▲ 1. 气体与尘埃的云团，在引力的作用下，收缩成圆盘状的云，并开始慢慢地旋转。

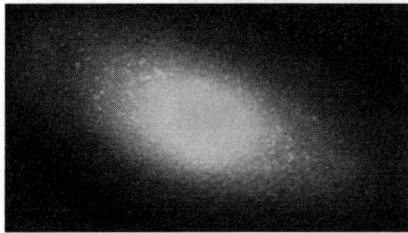

▲ 2. 尘埃相互黏在一起，体积变大，沉在气体圆盘的中心，形成了薄薄的尘埃圆盘。

▲ 5. 闪闪发光的中心部分变成太阳，而围绕其周围并逐渐增大的物体，就变成了行星。

太阳处于中心位置，收缩速度比八大行星快，很可能先形成原始太阳，再形成各大行星，这是迄今为止被大多数科学家认可的一种太阳系起源说。

彗星的奥秘

夜晚天空的星星，不论行星还是恒星，看上去都是亮晶晶的光点，但有时候会突然出现一种异样的星：它脑袋尖尖，尾巴散开，像一把扫帚掠过天际。这便是彗星，我国民间形象地称它为"扫帚星"。

其实，彗星只是一大团冰冻物质，夹杂着冰粒和宇宙尘埃。严格地说，它并不是一颗"星"，只是一种类似星的特殊天体。彗星的密度很小，含有氧、碳、钠、氰、甲烷等原子或原子团。发育完好的彗星，其彗头直径一般在5万～25万千米之间。1800年出现的一颗大彗星，彗头直径竟达180多万千米，比直径为

彗星拥有一条非常细长的椭圆形轨道。许多彗星都要经历几万年或几十万年，才靠近太阳一次。我们还知道大约有150多颗彗星围绕太阳旋转的周期为数年至数十年，这是在木星及土星等引力作用下，使它们轨道变小而形成的。彗星宛如一个雪球，直径从数千米至数百千米不等。据观测得知，它们是由岩石的碎片和固体微粒结冰而成。它在靠近太阳时，冰蒸发为气体，成为彗头；一部分气体和固体微粒被太阳风吹散，成为彗尾。

▲ 1986年2月出现的哈雷彗星

哈雷彗星

哈雷彗星每76年出现一次，是颗很有名的大彗星，我国古代就有对它的记载，1986年2月曾回归一次。它的轨道延伸到了海王星的外侧。

139万千米的太阳大得多。它的彗尾长达1.6亿多千米，宽2300万千米，整体呈圆锥形，大约是太阳体积的2万倍。因此，在太阳系中，从体积来看，有的彗星属老大，太阳只能是老二了。但是彗星的密度很小，如果把它压缩到和地壳一样的密度，它只有一座小山丘那么大，所以即使它和地球相撞，地球也没什么危险（有些专家不这么认为）。

彗星由彗头、彗发、彗尾三部分组成。彗头的主体是彗核，彗核的直径有几百米至几百千米不等。彗星绕太阳公转的轨道很长，许多彗星要经历几万年或几十万年，才能靠近太阳一次。彗星在运转过程中，绝大部分时间内

▲ 1965年出现的池谷关·彗星

它既无彗发也无彗尾，只是以彗核为主体，沿着自己的轨道运转。但当它运行到离太阳约3亿千米时，彗核便散发出气体和微小尘埃粒子，形成彗头、彗发，进而形成彗尾。离太阳越近，彗发越亮，彗头越大，彗尾扩张延伸越快，直至形成一颗状如扫帚的天体。

太阳的光热从哪里来

太阳是太阳系的中心，它是一颗恒星，直径大约有139万公里，体积大约是地球的130万倍。太阳在宇宙中是一颗普通的恒星，又是一颗能发光发热的恒星。我们已经知道，太阳本身是一个炽热的星球，仅表面温度就有6000℃，内部温度更高。太阳之所以能辐射出光和热，是因为

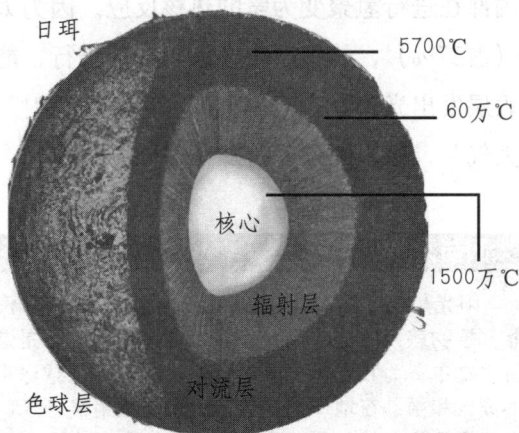

日珥　5700℃
60万℃
核心
1500万℃
辐射层
色球层　对流层

▲ 太阳也在自转，它的自转周期在日面赤道带约为25天，愈往两极愈长，在两极区为35天。

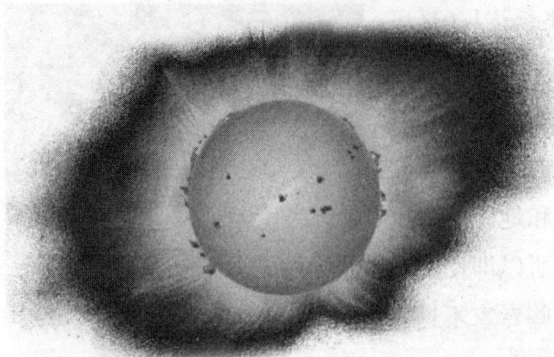

◀ 光球

我们肉眼所能看见的太阳表面很薄的一层为"光球"，厚度只有500千米，平均温度约为 6000℃，我们看到的太阳的光辉，就是这层光球。也正是由于这层光球，遮住了人们的视线，使人们在很长一段时间内看不清太阳的真正面目，更无法了解太阳内部的奥秘。

▶ 日珥

在太阳的边缘外面还常有像火焰样的红色发光的气团，称作日珥。有时日珥向数十万千米高处放射，然后又向色球层落下来，实际上这也是日冕不规则变化的一种形式。日珥大约11年出现一次，不过，我们用肉眼看不到，只有天文工作者用特制仪器，并且只有在日全食时才看得比较清楚。

它内部在进行氢聚变为氦的热核反应。因为太阳的主要成分就是氢（占71%）和氦（占27%），热核反应在太阳内部进行，能量通过辐射和对流传到表层，然后由表层发出光和热，习惯上称为"太阳辐射"。太阳带有光和热的表层称为"太阳大气"，由里向外分为三个部分，即光球、色球和日冕。

太阳与人类

阳光是地球最可靠的热源，45亿年以来，它使地球温度的变化范围很小。有了太阳能，植物赖以生长的光合作用才能进行。也正是这种太阳能储存在已经变成矿物燃料的古生物中，为我们提供煤和石油。阳光给地球送来了热量，促使大气循环，海水蒸发，形成云和雨。在地球大气层中，太阳辐射氧分子，使由2个氧原子组成的氧分子变成由3个氧原子组成的臭氧分子。臭氧层挡住了来自太阳的大部分紫外线，那一小部分透过臭氧层的紫外线，能使爱健美的人晒得黝黑，但若照射的时间过长，就会诱发皮肤癌。

太阳黑子的奥秘

太阳的未来

太阳是银河系中的一颗恒星，是一个炽热的气体球。根据不同的体积和不同的质量，恒星的归宿也会各不相同。质量较大的星球寿命比较短，当它们度过自己的一生后，就会以爆炸的形式自我毁灭。

几十亿年后，太阳会变成一颗膨胀的红巨星，进入激烈活动的时代，但爆炸的程度并不会那么剧烈，就像天琴座的环状星云，扩展着肥皂泡般的气壳，然后变成白矮星，不久便会冷却下来。

太阳一向以其光芒四射的形象遍示人间，但是细心的观测者还是发现它时有疵瑕。如《汉书·五行志》就记载着公元前28年5月10日那天："日出黄，有黑气，大如钱，居日中央。"这是世界上最早的关于太阳黑子的记录。几千年来，我国古籍中关于黑子的史料比比皆是，这是一笔宝贵的科学遗产。它们都因记述太阳的"黑"，才被后人视为珍宝。

黑子为什么黑？只是因为它们的温度相对于光球较低而已。通常，光球的温度为6000℃，而黑子的温度则在3800～5300℃之间。黑子虽"黑"但若将它单独取出，它的光比月亮还要强很多呢！那时，黑子就变成了"亮子"。

黑子的温度为什么会比光球低呢？这还是个没有定论的问题。有些人认为，是太阳黑子区的强磁场阻止了太阳深处的热量传到黑子表面，使它温度降低；另一些人认为，是黑子区通过非辐射方式将能量大量传输出去而使黑子温度变低。关于太阳黑子还有许多鲜为人知的景象：在黑暗的本影里，会不时出现活动异常的"本影亮点"，它的亮度与光球差不多；有时又会出现直径达2000千米的明亮的移动结，这就是"本影闪耀"现象。想不到在黑子的"黑"字上竟会有这么多文章！

▲ 太阳黑子

可怕的太阳风

日全食时，在太阳周围有一圈淡黄色的光芒出现，这种现象叫日冕。日冕从太阳表面一直向外延伸几百万千米。形成日冕的带电粒子在地球周围以每秒500千米的速度流动着，人们称它为太阳

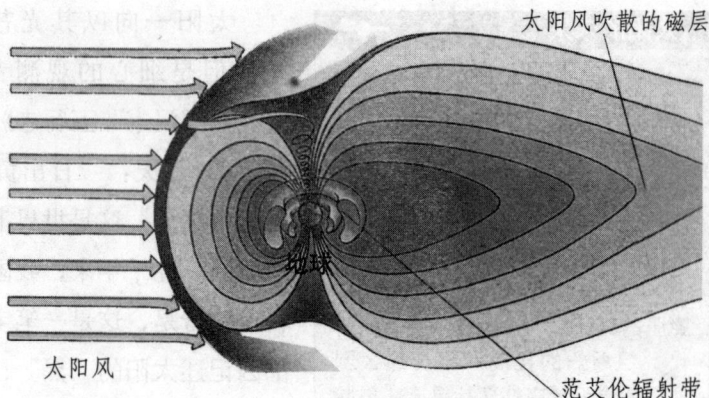

太阳风吹散的磁层

太阳风

范艾伦辐射带

▲ 太阳风

太阳风是一种太阳表面爆发时产生的等离子（原子分解为质子和电子状态时的物质），对地球的影响十分强大。

风。太阳风的温度为20万～30万℃，又因为它是带电的粒子流，所以十分可怕。万幸的是地球的磁场起到了屏障的作用，使地球免受太阳风的影响。

太阳风的带电粒子呈环形围绕地球，这样就形成了强烈的放射能带，这个放射能带就是范艾伦辐射带。

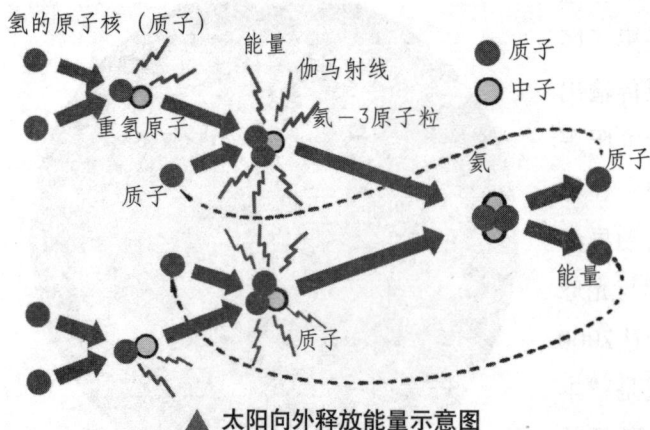

氢的原子核（质子）
能量
伽马射线
质子
中子
重氢原子
氦－3原子粒
质子
氦
质子
能量

▲ 太阳向外释放能量示意图

▲ 木星

木星的奥秘

木星是太阳系八大行星中最大的一个，它那圆圆的大肚子里能装下1300多个地球，质量是地球的318倍。太阳系里所有的行星、卫星、小行星等大大小小天体加在一起，还没有木星的质量大。天文学上把木星这类巨大的行星称为"巨行星"，西方人把它称为天神"宙斯"。

木星虽然个头大，但距地球较远，所以看上去还不及金星明亮。木星绕太阳公转一周约需12年时间，因此，几乎每年地球都有一次机会位于太阳和木星之间。在这些日子里，太阳落下时，木星正好升起，人们整夜都可见到它。木星轨道外的其他行星也有这一特征。

木星自转一周为9小时50分，是八大行星中自转最快的。在木星赤道的南侧，有一个引人注目的大红斑，它自1665年被发现以来，还从未消失过。

▲ **木星的卫星**

木星上最为壮丽的奇景，大概要数众多的卫星了。地球只有一颗天然卫星——月亮，而木星的卫星则比地球多得多。它们有的比月亮大，有的比月亮小。其中最大的4颗是1610年伽利略用手制望远镜发现的，因此被命名为伽利略卫星。这个卫星系统有不少类似于太阳系行星系统的特征，因此，它们与木星的结合，很像一个的太阳系"小小复制品"。

土星的奥秘

土星是太阳系中仅次于木星的第二大行星。其最大特征是拥有一个巨大光环。表面的情况与木星相似，通过望远镜可以看到灰色、暗绿色、褐色等条纹以及白色斑点。距太阳约10个天文单位天文单位是一个长度单位，约等于地球到太阳的平均距离。

▲ 土星

▲ 土星和它的部分卫星

公转周期为29.5个地球年，自转周期很短，为10小时14~18分。外表呈椭圆形，比木星显得扁。土星有很多卫星，在土星升起于土卫五的地平线时，太阳位于左上方，土星环能在土星表面投下阴影。

土星表面的条纹与木星相同，是由土星外侧的大气及云层形成的。通过观测得知，其大气主要由氢、氦、水、甲烷、氨等气体及结晶体构成的。大气温度很低，约为零下170℃左右。

在1979年以前，人们共发现10颗土星卫星。1980年，在光环变细的情况下，人们又相继发现了几颗新的卫星。此外，美国的"先驱者11号"及"旅行者1号"探测器靠近土星时，又发现了更多的土星卫星。

土星光环之谜

自从1656年荷兰科学家惠更斯证实了土星光环的存在以后，数百年来，土星光环一直是天文学家观测、研究的对象。直到20世纪70年代初，人们才从雷达回波中测知，这条高悬于土星赤道上空的"彩练"原来是由直径4~600厘米的冰块组成的。早年观测发现，土星光环的形态时有变化，有时宽且亮，有时窄，甚至成为一条直线，几乎暗不可见，并且每30年便会发生一次这样的周

▲ 探测器飞向土星

期性变化。土星的光环为什么会时隐时现呢？这是由环的自身结构和它的特殊位置决定的。环的外径达27万千米，而厚度只有10千米，宽度和厚度的比例形如大而极薄的纸张。环与土星的公转轨道间有27°

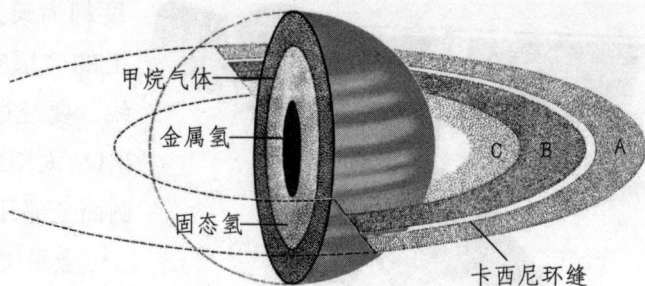

甲烷气体

金属氢

固态氢

C B A

卡西尼环缝

▲ 土星光环分三层，分别为A、B、C环。其中B环最亮，C环最稀薄。A与B之间的间隙叫做"卡西尼环缝"。

土星

土星运动迟缓，人们便将它看作时间和命运的象征。在罗马神话中，土星就是第二代天神克洛诺斯。无论在东方还是西方，人们都把土星与农业联系在一起。在天文学中，表示土星的符号，就像是一把主宰农业的大镰刀。

的夹角。因此从地球上看去，在土星绕日旋转的一"年"中，光环会不时地改变自己的方向，使我们有时是"仰视"它，有时又是"俯视"它，这时它都比较宽而亮；当光环的侧面对着我们时，就变成了一条直线了。当然，倘若身临土星或其卫星，由于距离很近，不论在什么时间、位置，我们都可以一睹土星光环的风采。

金星为什么自转得这样慢

作为离地球最近的一颗大行星，金星非常特别，它的自转就是一个最好的例子。且不说它是太阳系八大行星中唯一一颗逆向自转的行星，单凭它极其缓慢的自转速度这一点，就可大书特书。

金星的自转周期长达243天，是太阳系内行星自转周期的"冠军"，而它的公转周期是224.7天。考虑到自转和公转的综合效应，金星上的一"天"（即一昼夜）为地球上的117天，也就是地球的1年约等于金星的3"天"。这种极慢的自转速

▲ 金星

度却为天文观测带来了便利：金星上的"星空"从升起到落下"金平线"要经过足足121.5天！而一次日出(从太阳刚露出"金平线"到整个圆面全部升起)，竟有6小时之久。

金星缓慢的自转使它赤道上的物体的运动速度只有1.8米/秒，与人的步行差不多(地球赤道上物体的运动速度为465米/秒)。因此，在金星的赤道上，只要以此速度向东悠悠漫步，就一定可以追上"东沉"的落日，令它永驻天穹，使"夸父追日"的神话故事变为现实。这该是多么奇妙啊！若要在金星上发射同步卫星(金星没有天然卫星)，其高度将在150万千米以上，与地球的同步轨道高度——35700千米——大不一样。

金星为什么自转得这样慢呢？这个问题至今尚无定论。据天文学家推测，可能是金星在漫长的演化过程中，受到了一个大星子的逆向撞击，造成它现在的自转特点。

躺着自转的天王星

天王星也是一个大行星，直径是地球的4倍，体积是地球的60多倍。天王星绕太阳公转一周为84年，因此，它在星座间的位置变化很慢。天王星距离太阳的平均距离约为28.64亿千米，约等于地球与太阳距离的19倍。由于距离太阳十分遥远，所以它从太阳得到的能量极其微弱。据测算，天王星的表面温度在零下200℃以下。

天王星的自转周期为15.5小时，但自转运动非常奇特。如果把它的自转轴看作是它的"躯

▲ 飞向外太空

干"，那么它不是站着自转，而是躺着自转的。因此，它在84年公转一周的过程中，有时是"头"顶着太阳，有时又是"脚"对着太阳。这种奇特的自转运动，使天王星上的"四季"变化很不寻常。在"夏季"和"冬季"，天王星的自转轴朝着太阳，这时向阳的那一面将长期、持续地受阳光的照射，天天是白昼，因而气温较

▲ 探测宇宙空间

高；而背阴的一面在若干年内天天都是黑夜，因而气温较低。在"春季"和"秋季"，天王星上有了白天和黑夜之分。不过，愈靠近两极，有昼夜变化的年月就愈短。

▲ 天王星

月球背面的奥秘

月球是地球唯一的卫星。月球在绕地球公转的过程中，由于微有前倾后仰、左摇右摆等原因，使科学家能看到它59%的表面。但对一般观测者而言，它依然是位"犹抱琵琶半遮面"的广寒仙子。对月球那不肯露面的另一半，科学家们曾提出种种设想。直到1959年，前苏联发射的"月球3号"火箭首次成功地拍摄了月球背面的照片，这千古之谜才真相大白。

▲ 月球的背面

为什么人们在地球上只能看到月球的同一侧面

月球在绕地球公转一周的过程中，又会自转一周。月球的自转周期与公转周期同为27.32166天。月球的运动如同围着大人转圈跑的孩子（你要么看见它的左侧面，要么看见它的右侧面），但从地月系的中心——地球上，只能看到月球同一侧面。

月球为什么不肯展示其另一半的真面目呢？这是由于地球对月球的潮汐作用造成的。地球上的潮汐——海水的定期涨落，主要是由月球的引力引起的。其实除了常见的海潮之外，还有气体潮（大气）和固体潮（地壳）。月球对地球的潮汐，造成大气、海水、地壳内部物质间的摩擦，造成地球自转能量的损失而使地球自转变慢。同样，地球也因为吸引月球，造成月球层间的摩擦而损耗其自转能量，使它自转变慢。如今月球自转周期与公转相等，都是27.32166天，因此，在月球自转一周的同时也绕地球公转了一周，这样，它就始终以同一面对着地球了。月球的这种现象叫卫星的"同步自转"，在太阳系中十分普遍。火星的2颗卫星、天王星的5颗大卫星等都是同步自转卫星。

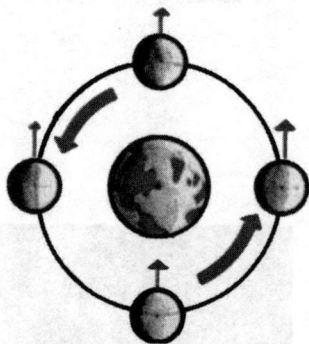

▲ 若没有自转只有公转的话，我们可以看清月球的各个侧面。

▲ 自转与公转周期相同，我们只能看见月球的同一侧面。

地球奥秘

　　地球是太阳系八大行星之一，按距离太阳由近到远的顺序排行第三。在罗马神话中，地球女神叫Tellus，意为"肥沃的土地"，这恰恰道出了地球最大的特点——它是目前唯一一个存在已知生命体的星球。

地球内部的奥秘

你知道地球内部是什么样吗？地球由表面向内依次分为地壳、地幔、地核。地球内部的构造恰似一个桃子，外表的地壳是岩石层，相当于桃子皮，人类以及生物都生活在这里；地幔相当于桃子的果肉部分，是灼热的可塑性固体；地核相当于桃核，由铁、镍等金属物质或岩石构成。地壳分为上下两部分，各部分的物质结构不同。地壳平均厚度约33千米，其体积占地球总体积的0.5%，是一种固态土层和岩石，称为岩石圈层。岩石圈层蕴藏着极丰富的矿藏资源，已探明的矿物达2000多种。

▲ 地球内部结构

地幔分为上地幔层和下地幔层。地幔厚度从地面33千米到2900千米处，占地球总体积的83.3%，而温度高达1000~2000℃，内部压力为9000~38.2万个大气压。上地幔层呈半熔融岩浆状。下地幔层呈固体状态。地壳和地幔主要由硅酸盐岩石物质组成。地核又分为外核和内核。外核厚度在2900千米~5149千米，呈液态；再往下便是呈固态的内核。地核主要由铁、镍物质组成，温度为5000℃左右，压

我们的地球

地球是八大行星中一个适宜生物存在和繁衍的行星，因为地球上有空气、有水和适宜的温度。从太空看地球，看到的是一个蔚蓝色的球体。地球的平均直径约为12742千米，表面积的70.8%被海洋覆盖，并被一层厚厚的大气层包围着。在八大行星中除了火星和金星外，地球的公转速度是最快的。自转的时候，转一圈需23小时56分4秒。由于地球自转的轴线与地球公转的轨道不垂直，产生了地球上的四季变化和不同的气候带。更为可贵的是，地球上还诞生了人类并创造出了灿烂的文明。

力达350万个大气压以上。

山脉是怎样形成的

地球陆地的表面，有许多蜿蜒起伏、巍峨奇特的群山。山由山顶、山坡和山麓三部分组成，平均高度都在海拔500米以上。它们以较小的峰顶面积区别于高原，又以较大的高度区别于丘陵。这些群山层峦叠嶂，群居一起，形成一个山地大家族。

山地的表面形态奇特多样，有的彼此平行，绵延数千千米；有的相互重叠，犬牙交错，山里套山，山外有山，连绵不断。山地的规模大小也不同，按山的高度分，可分为高山、中山和低山。海拔在3500米以上的称为高山，海拔在1000～3500米的称为中山，

▲ 天山山脉

海拔低于1000米的称为低山。按山的成因又可分为褶皱山、断层山、褶皱—断层山、火山、侵蚀山等。褶皱山是地壳中的岩层受到水平方向的力的挤压，向上弯曲拱起而形成的。断层山是岩层在受到垂直方向上的力，使岩层发生断裂，然后再被抬升而形成的。我国的喜马拉雅山是典型的褶皱山，江西的庐山是断层山，天山山脉属于褶皱—断层山。

山地是大陆的基本地形，分布十分广泛。尤其是亚欧大陆和南北美洲大陆分布最多。我国的山地大多分布在西部，喜马拉雅山、昆仑山、唐古拉山、天山、阿尔泰山都是著名的大山。

▲ 喜马拉雅山珠穆朗玛峰

海水呈蓝色的奥秘

乘船在大海上遨游，蓝蓝的海水，蓝蓝的天空，极目远眺，令人心旷神怡。但如果把海水放在碗中，就会发现海水同普通水一样，是无色透明的。为什么海水在海洋中看上去是蓝色的呢？原来，这是海水对光线的吸收、反射及散射造成的。太阳射到海洋表面的可见光有红、橙、黄、绿、靛、蓝、紫七种颜色。海水很容易吸收波长较长的光，如红光、橙光、黄光。这些光射入大海后，绝大部分被海水吸收。而绿、靛、蓝、紫等波长较短的光，碰上水分子或其他微粒的阻挡，会发生不同程度的散射和反射。其中蓝色和紫色最易被散射和反射。由于人们的眼睛对紫色光很不敏感，往往视而不见，而对蓝色的光比较敏感。这样，海水看上去便成蓝色的了。当然，海水的颜色变化也受其他因素的影响。当海水含有大量泥沙时，便会呈现出黄色。如果含有大量的红色藻类，便会呈现出红色。遇到阴雨天气，海面上的蓝色甚至会消失。

极地寒冷的秘密

环绕着北极和南极的极地，是地球上最冷的地方。即使在夏天，气温也绝不会升到0℃以上。厚厚的冰层，天长日久地覆盖着北极的海洋和南极的陆地，从来没有融化过。人们常常以为，这是因为极地比赤道离太阳更远的缘故。其实，几千千米的差距，对距地球1.5亿千米的太阳来说，不会有太大的区别。极地的寒冷另有原因。尽管从全年来看，太阳在极地露面的机会，并不比热带地区少，但照在极地上的阳光，却比赤道要微弱得多。在热带，中午的太阳，总是垂直地挂在天空，而在北极地区的盛夏，即使中午时分，太阳已经紧贴地平线了。所以，不管是夏季的白天还是晚上，它都不会给极地带来更多的温暖。同样大小的一束光线，在热带比在极地热得多，可以给更多的地方带来温暖。极地之所以这样寒冷，就是由于极地的阳光太微弱，太阳的能量太少了。

大陆会移动吗

在地球上，没有什么是永久不变的，就连陆地也是如此。巨大的大陆板块组成了坚硬的地壳，它们紧紧地压在地幔上，在炽热、流动的岩浆推动下，每年平均移动1～2厘米。这些大陆板块大约50千米厚，有的长宽上百千米，有的上千千米。人们可以把这些大陆板块想象成巨大无比的"竹筏"，只是，这些"竹筏"的底层是由坚硬沉重的岩石组成的，表层上铺的则

▲ 2亿年以前，陆地靠拢，连成一片辽阔的大陆。

是轻一些的岩石。有的板块，如巨大的美洲板块，背负着整个美洲大陆和它上面的一切——连绵不断的山脉、无边无际的沙漠、大片的森林和所有的飞禽走兽。而有的板块上，根本就没有"乘客"。如太平洋板块，它静静地躺在太平洋的下面，心甘情愿做坚实的海底。

▲ 现在，世界的面貌如图所示。不过，大陆板块仍在移动中。

石头破碎的奥秘

形容一个人的感情、意念坚贞不渝，常用"海枯石烂心不变"这个词；形容一个物件坚实牢固，常说是"坚如磐石"。在人们的印象里，石头是十分坚硬不会变化的。

其实石头和其他东西一样，也是会烂的，不过石头烂掉要用很长很长的时间。我们看到的土、沙子、小石子，都是石头烂了以后变成的。

石头是怎么烂掉的呢？首先是温度的变化。太阳白天把石头晒得发烫，使其受热膨胀；一到晚上，气温下降，石头变冷收缩。由于石头表面和内部受热程度不同，因而岩石中各种矿物胀缩程度也不一样；时间一长，石头表层和内层就慢慢分离，一片片剥落下来；还会出现裂隙，而且裂缝越来越大。

其次是水对石头的破坏。雨水的浇淋、流水的冲蚀可以破坏石头，但更重要的是水变成冰时所产生的力量，能把石头劈裂。水变成冰的时候体积要膨胀，存

在于石缝中的水结成冰以后，就像斧子一样能把石头慢慢劈开。水还能把石头里的许多矿物溶解，分化瓦解坚硬的石头。

再就是动植物也参与了对石头的破坏。植物的根不但会使岩缝扩大，而且还吸收岩石里的矿物，使石头内部变得疏松。动植物遗体在腐烂过程中会腐蚀石头，细菌能"制造"硝酸、碳酸来毁坏岩石。

石头烂掉的过程叫做"风化"。经过漫长岁月的风化，坚硬的石头就慢慢变成了沙子和土。

天空为什么是蓝色的

空气并不是蓝色的。它没有颜色，完全是透明的。如果空气本身是蓝色的，那我们看到的一切东西，都像罩着一层蓝色的玻璃，不管树林还是街道，都应该是蓝莹莹的。就连我们必须透过空气才能看到的太阳，也该闪烁着蓝色的光芒。但实际上，这些东西都有自己的颜色。天空的蓝色，到底是怎么造成的?是水蒸气在空气中起的作用吗?好像也不是。干燥的沙漠上的天空，和潮湿的热带雨林上的天空一样蓝，海洋上空的颜色，和高山上的也没有什么两样。宇宙空间对此似乎也没有什么"责任"。它是黑色的。从宇航员拍摄回来的照片上，我们看到：不同颜色的星体，分布在漆黑一片的太空中。另外我们发现，夜晚，天空也是漆黑的。只有白天，天空才是蓝色的——当然是在有太阳的日子里。显然，太阳才是蓝色天空的制造者。阳光，是各种色谱的复合体，在复合的过程中形

成了白光。太阳的白光照射在围绕地球的大气层上，就会被分解成各种不同的颜色：当太阳高挂在天空时，我们看到的是蓝色的部分。

极光形成的奥秘

当夜幕降临时，在极地上空常常燃烧着游动的彩色光带——极光。

极光是一种高层大气的发光现象，通常只出现在南北半球的高纬度地区，但中、低纬度地区偶尔也可见到。1957年3月2日晚上7点钟左右，我国黑龙江漠河一带就出现过几十年少见的极光；同年9月29日到30日夜晚，我国北纬40°以上的广大地区，也曾出现了一次少见的瑰丽的极光。在自然界里，再也没有比极光更绚丽、更迷人的景观了。

▲ 美丽的北极光

极光的形成与太阳活动、地球磁场和高空大气都有关系。由于太阳的激烈活动，放射出无数的带电微粒。当带电微粒流射向地球，进入地球磁场的作用范围时，受后者影响，便沿着地球磁力线高速突入到南北磁极附近的高层大气中，激起空气电离而发光，这就是极光。我们知道，指南针总是指着南北方向，这是因为受地磁场的影响。由于地球的磁极在南北极附近，从太阳射来的带电微粒流，也要受到地磁场的影响，而且总是偏向于地磁的南北两极，所以极光大多出现在南北两极附近。

千变万化的云

天空中的云彩绚丽多姿，千变万化。 地面上的积水慢慢不见了，晾着的湿衣服不久干了，水去了哪里呢？原来，它们受太阳辐射后变成水汽蒸发到空气中去了。到了高空，遇到冷空气便凝聚成了小水滴，然后又与大气中的尘埃、水滴等聚集在一起，便形成了千姿百态的云。据估计，每年从海洋、陆地上蒸发到大气中去的水汽，约有4.5万亿吨之多。组成云的小水滴很小，一般直径只有0.01~0.02毫米，最大的也只有0.2毫米。由于它们又小又轻，下降的速度很慢。在降落过程中，随时又会被上升气流抬起，或者在未降到地面前就被蒸发掉了，所以，它们便成片地飘浮在空中。我们平时看到的云有各种色彩，有的洁白，有的透明，有的乌黑，有的呈铅灰色，还有的呈红色和黄色。其实，天上的云本来都是白色的，只是因为云层的厚度不同，以及云层受阳光的照射方位不同而显出不同的颜色。

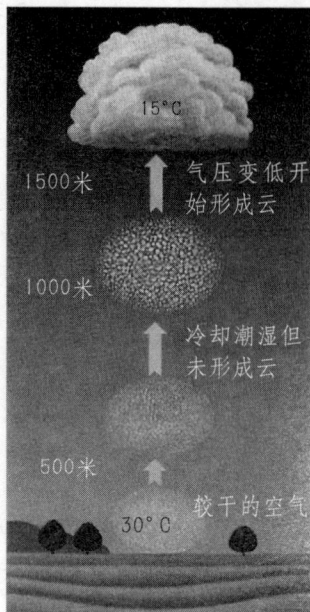

▲ 云的形成

白夜的形成

我国黑龙江北部的漠河地区，每年的5月中旬至7月下旬就能领略到一种黄昏和黎明紧紧相连的奇妙景象。夕阳西下以后，暮色迟迟不愿降临；而曙光渐渐升起，两者逐渐相互融合，白茫茫，亮堂堂，这就是天文学上的"白夜"现象。

那么，白夜形成的原因是什么呢？这还得先从黄昏或黎明的成因说起。太阳西没以后，或者东升之前，在某一段时间内虽然没有太阳的直射光，但地平线以下的阳光仍照射着上空的大气。那里的大气把阳光向四面散射，从而形成仍然明亮的天空。当太阳继续下落时，阳光在地平线下的角度越来越大，高空大气接受到的阳光便越来越弱，散射光随之越来越少。于是，明亮的黄昏便渐渐昏暗，慢慢地消失了。同样道理，日出之前，太阳逐渐上升，黎明的曙光便慢慢驱散黑暗。

据计算，产生黎明和黄昏消失的临界太阳高度角均为地平线下16°～18°，若大于18°，便夜里无光。在高纬度地区，当子夜零点，太阳光在地平线下的角度小于或等于18°时，黄昏和黎明便连在一起，形成奇特的"白夜"现象。所以，白夜奇景出现在纬度49°以上的高纬度地区。在极圈以外，纬度越高，白夜出现的天数越多，天空也就越亮。黑龙江漠河地区地处北纬53°，每年出现白夜现象的时间约为74天。

风从哪里来

空气流动就形成了风。空气流动得越快风就越大。对于大范围的空气来说，它的运动有上下左右的区别。气象学上把空气的上下运动叫做垂直运动，也叫做对流，而空气的水平运动就是风。 空气的水平方向流动，

▲ 台风带来的降雨

▲ 台风形成的卫星图

是各地的气温和空气压力分布不均匀造成的。空气流动的规律，是从气压高的地方流向气压低的地方，于是就产生了风。高气压和低气压之间的气压差越大，空气流动的速度越快，风也就刮得越大。人们认识风，必须知道风向和风速。习惯上把风的来向定为风向。如西北风，是指从西北方向吹来的风；东南风即为从东南方向吹来的风。风速是指单位时间空气流过的距离。风速根据风力的大小划分为0～12的13个等级。尽管风速划分为13级，但自然界的实际风速有的还要大得多，如龙卷风的风速甚至达到每秒200米以上。风是天气变化的主要因素，不同的风能产生迥然不同的天气。

地球上除了常年不变的信风和随季节变化的季风外，还有台风、龙卷风、海陆风、山谷风、焚风、布拉风、干热风等形形色色的风。风对人类既有利也有弊。一年一度的季风给我国大部分地区带来大量的雨水。风是一种取之不尽、用之不竭的无污染的能源。但台风、龙卷风、干热风等又会给人民生命财产和农业生产带来巨大的威胁。

彩霞形成的奥秘

在日出和日落前后，天际有时被染成红或橙红色的艳丽色彩，这就是霞。出现在早晨的叫朝霞，出现在傍晚的叫晚霞。霞是怎样产生的呢？日出和日落时分，太阳光要通过较厚的气层才能照射到地平线附近的空中，当阳光通过大气层时，因紫色光和蓝色光波长较短，被散射得最厉害，到达地平线上空时已所剩无几了。余下的光线只有波长较长的红、橙、黄色。这些光线经过地平线上空的空气分子、水汽和尘埃杂质的散射后，我们就能看到色彩艳丽、美如画卷的彩霞了。空气中的水汽、尘埃杂质越多，彩霞的颜色就越鲜艳。天上如有云块，这些云块也会"染"上艳丽的色彩。1883年8月27日，印度尼西亚的喀拉喀托岛上，发生了一次强烈的火山爆发。喷发出的火山灰约有180亿立方米，大量细小尘埃升到七八万米的高空，长期弥漫于天空。所以那一年，世界各地看到的彩霞都特别鲜艳美丽，人们称之为"血霞"。 由于霞的颜色和鲜艳程度与大气中水汽的含量、尘埃多少有关，因此，霞的色彩与出没对天气变化有指示意义。谚语说："早霞不出门，晚霞行千里"，就是说早霞预兆雨天，晚霞预示晴天。

臭氧层的奥秘

我们居住的地球周围，围绕着一层厚达2000千米～3000千米的大气，人们称之为大气圈。大气圈的结构与楼层相似，共分为5层。由地面向上至8千米～18千米高度称为对流层；对流层往上至55千米左右为平流层；平流层往上到85千米左右为中间层；中间层往上至800千米的高度为暖层；暖层往上称为散逸层。

我们人类生活在大气中，一刻也离不开大气。大家知道，人类离不开大气的主要原因是人类要靠呼吸吸收大气中的氧以维持生命。可是，大家可能还不知道，大气除了把氧气供给我们呼吸之外，大气中的臭氧还在保护着我们不受紫外线的伤害。

▲ 南极上空的臭氧空洞

臭氧是一种气体，它与氧气一样都是由氧原子组成的，不同之处在于臭氧分

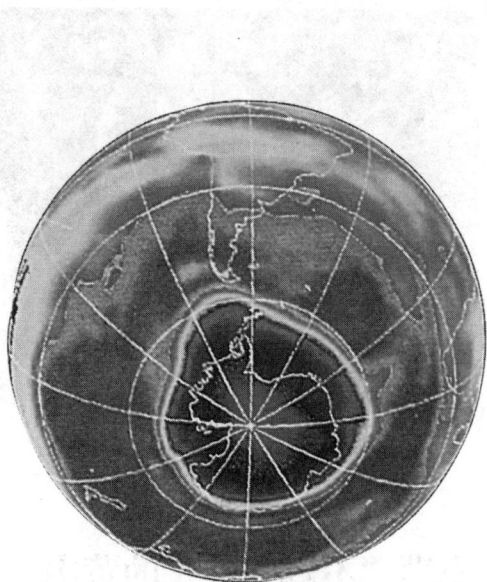

子比氧气分子多了一个氧原子，即分子式是O_3。臭氧的一大特性是能大量吸收来自太阳辐射中的紫外线。臭氧集中分布在平流层中，形成一个厚达30千米～40千米的围绕地球的臭氧层，臭氧层中的臭氧以地表往上25千米～30千米处最为密集。

空间大厦中的臭氧层，虽然臭氧浓度不超过0.001%，把它压缩一下只有比鞋底还薄的一层，但却身手不凡，身负重任，太阳辐射到地球的紫外线99%由它在平流层吸收。只有少量的紫外线能够通过

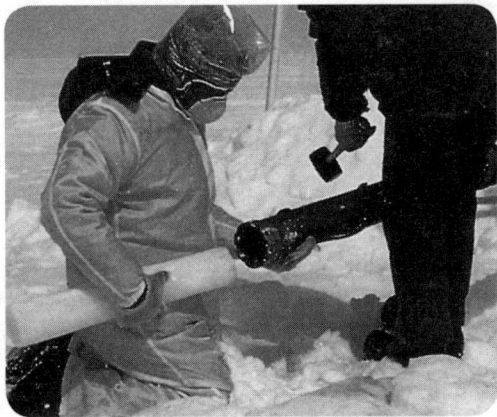
▲ 科学家在南极钻冰研究气候变化。

臭氧从哪里来

诞生臭氧的摇篮是电动机。因为在电动机里，电压很高，电动机里的电刷老是产生电火花。周围的氧气受到激发，就变成了臭氧。

雷雨时的臭氧，也是这样产生的。雷，实际上就是一块带正电的云与一块带负电的云遇在一起，发生放电。云所带的电荷很多，电位差常常高达几亿到几十亿伏特，所以常常产生巨大的电火花，把氧气激发成臭氧。

浓的臭氧是淡蓝色的，很臭，具有很强的氧化能力。臭氧能够漂白和杀菌。有些地方的自来水里，常常有一股刺鼻的气味，那是因为自来水用氯气消毒、杀菌，残余的氯气有股怪味。现在人们正在尝试用臭氧净水，可以消除用氯气消毒的怪味，改进水质。而且，稀薄的臭氧一点也不臭，反而会给人以清新的感觉。

臭氧层到达我们居住的地球表面，这极少量的紫外线不但不会伤害我们人类和其他生物，而且对人类的健康和生物的生长是有利的。由于臭氧层对人类和地球生物具有保护作用，因而被人们称为地球的"保护伞"。

充满"不解之谜"的黄山

人们登上黄山，首先会问，为什么这片绿水青山称之为黄山呢？

黄山的名山奇峰，自古以来不但引人向往，而且也让人着迷。面对黄山绝景，人们将产生一系列的疑惑。黄山为何危峰壁立，巧石相衬呢？黄山有巍峨奇立的高峰和幽深如削的山谷，形成了今天如此奇特的地貌、磅礴的气势：前山雄

伟，后山秀丽。为什么黄山的前后地貌会迥然不同呢？黄山上的石峰多数是抽拔状与削立状，那种奇妙，那种怪异，真是有如仙境。是哪位大师鬼斧神工，凿画出这般奇妙绝顶的艺术杰作？尤其是狮子林和松谷庵之间山道两旁的山石，尽是以笋状矗立着，气势威壮，生气勃勃，直让你攒眉深疑，百思不解，会惊讶天地之间只听说有树林与竹林，怎么会有如此宽阔的石笋林呢？

黄山的松景，与它的石景齐名，也是至奇至怪至绝的。这座山上的松树，虽然有千千万万棵，然而每一棵都有一个特色，每一棵都有一个姿势。这是为什么呢？黄山是一座石山，山岩上难找到泥土的影子，而靠泥土生活的松树却居然在石壁岩隙中生长，而且既要熬霜雪、熬干旱，又要抵抗无数次风侵雨袭，它们到底是怎么活下来的呢？

黄山的云雾亦称奇人间。一年之中，有2/3的时间都有云雾在黄山涌动，多的时候把整座黄山都浸泡起来，少的时候，就在山峰之间自由自在地悠游。人们不禁要问：黄山为什么会有这么多的云雾呢？登上峰顶，碰上太阳露脸，可看到远近群山诸峰皆在云海中沉浮，自己仿佛置身于缥缈虚无的神仙境界中。阳光从人们身后斜射过来，投影在峰下的云海上，人们会惊奇地呼唤：我的影子为什么映在大串圆形的光环之中呢？

海市蜃楼的奥秘

我国山东蓬莱阁历来有海市蜃楼奇观之说，但1986年山东电视台和几个单位联合在济南成立"蓬莱海市蜃楼摄制组"，几年来却一直没有捕捉到海市蜃楼奇观的影子。

1989年6月17日，山东电视台的摄像记者孙玉平在蓬莱地区拍摄电视片《齐鲁海疆》的部分镜头时，却意外地碰到了好运。那天北京夏令时14时20分，蓬莱阁对面沿黑山岛往东100千米的海面上，出现了一条巨大的淡黄色光带，大雾弥漫四际，这一征兆说明海市蜃楼奇景即将出现。孙玉平和他的伙伴按捺不住激动的心情，刚刚架好摄像机，海市蜃楼便出现了：只见忽而亭台楼阁，各显奇姿，忽而苍松翠柏迎风摇曳；东边刚见客舍，西边又现高楼，美景瞬息万变，令人目不暇接。孙玉平与他的伙伴们肩扛摄像机，在松软的沙滩上来回奔跑，一连6个多小时，终于拍下了一套珍贵的海市蜃楼录像。

美国、德国、日本、英国等一些国家获悉后，纷纷愿出高价购买这套录像片，却都被一一谢绝了。

为什么会有四季更替

凡是烤过火的人都有这样的感觉，直对火头就感到特别热。而在火边上就不会感到那么热。为什么呢？这是因为所得到的热量不同，直对火头上热量集中，火边上热量却较分散。同样的道理，太阳一变换它的直射位置，即地球相对太阳的公转运动就会使地面的受热量发生变化，天气的冷热也就是由于太阳直射位置的变换发生了更替，因而产生了春夏秋冬四个季节。

地球的公转

我们知道，地球绕太阳公转，它绕太阳一周需要365天5小时48分46秒，这个时间就是平常所说的一年，或称为"回归年"。

地球公转的轨道是一个椭圆，太阳的位置也就在这个椭圆的一个焦点上，这样地球和太阳的距离随着地球在轨道上位置的不同而有远近之分。

地球上会发生四季变化的主要原因在于地轴对地球公转轨道面的倾斜。地球绕太阳公转时，地球是歪着身子的，它好像陀螺在斜着转的时候一样，所以地轴在地球公转的轨道面上就不是垂直的，而是成66°30′的倾斜角，严格地讲起来，地轴和轨道倾斜角是66°34′。由于地轴对轨道面的倾斜，所以地球赤道和轨道面也是倾斜的，倾斜的角度为23°26′。正是由于这个原因，使地球绕太阳公转时，太阳光线直射地球表面上的位置，便在地球赤道的南北移动，它有时大部分落在北半球地面上，有时大部分落在南半球地面上。

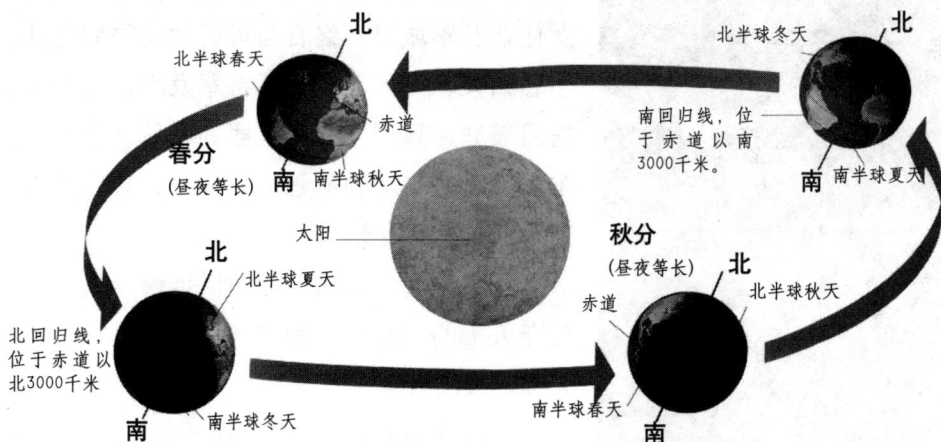

五彩城的奥秘

在新疆的克拉麦里山，有一处国家重点保护的自然景观——五彩城。 进入五彩城，如同置身于一个童话世界：一幢幢色彩斑斓的"高楼大厦"鳞次栉比，金黄色、青灰色、暗红色、铁黑色的建筑构成了一幅立体油彩画。有的"建筑"自身就有七八种颜色，妙不可言。"建筑"的形状各异，有"佛祖大庙"，"清真寺"，还有"金字塔"，一排排整齐的"房舍"如同古代军营。城中"街道"纵横，怪石林立，如同一尊尊栩栩如生的彩色雕像：兽中之王雄狮，凶猛的老虎，翱翔的苍鹰，亭亭玉立的少女……俨然一座艺术殿堂。

▲ 五彩城

如此美妙的五彩城是出自哪位艺术大师之手呢？当地人会告诉你：是七仙女。相传王母娘娘的小女儿七仙女，厌倦了天庭寂寞无聊的生活，偷偷下凡，来到了克拉麦里山。这里虽不见人烟，却有许多可爱的野生动物。七仙女采来天空飘浮的彩云，精心构筑了这座人间仙境——五彩城。仙女住在五彩城里，终日与可爱的动物们为伴，不思归天。一日，被巡天将军发现，将七仙女掳回天庭，只剩下这座美丽的空城，小兔、黄羊、野驴等小动物们思念七仙女，现在还常常来五彩城找七仙女呢。

七仙女造城当然只是神话传说，创造了这巧夺天工的"建筑"和"雕塑"的真正的艺术大师是大自然。

大约在8000万年前，这里原是一片大湖

泊。湖中有大量五颜六色的沉积物。后来地壳上升，湖水干涸，沉积物裸露在地面上，形成各色岩石：红色的铁质砂岩、灰色的泥灰岩、棕色的磷铁矿、黑色的锰质岩、黄色的泥质岩。千百万年来，经流水冲蚀和风化作用，岩层中松软部分被冲走吹跑，留下坚硬的岩石。大自然的一双巧手终于将这些彩色岩石雕刻成千姿百态的"飞禽走兽"、"楼台亭阁"，为人类创造了这座面积达8平方千米的举世罕见的五彩城。

巨石山变幻色彩的奥秘

在澳大利亚中部辽阔的沙漠地带，兀立着一块孤岛般的巨石——艾尔斯巨石，它高330米，方圆达10平方千米。这块岩石平时为一种颜色，而到早晨和黄昏又变得通红，远远望去好似熊熊燃烧的大火。最为奇妙的是它那变幻莫测的色彩：在夕阳辉映下，整块岩石通身红透，犹如一块硕大无比、璀璨夺目的红宝石镶嵌在辽阔的沙漠上；当乌云压顶时，巨石静静地射出奇异的蓝绿色，如同幽灵一般。岩石为什么会在早晨和黄昏变成红色呢？千百年来，人们一直未能解开这个谜。

近年来，有人指出，这块岩石变色可能与太阳的作用有关。太阳光在早晨和傍晚是斜切地球外表的大气层照射地球的，这时它穿透的大气层要比白天厚，所以常常可以把天空染成一片火红色。平时我们看到的太阳光近乎白色，实际上太阳光由七种颜色组成，波长较短的光在穿越大气层时就散失了，唯有波长较长的红色光照射的距离很远，把岩石染成了红色。岩石变色之谜是否真的与此相关，

还有待人们做进一步研究。

令人百思不得其解的死谷

美国内华达山东麓，有一个南北向、狭长的寂静的"死谷"。在地图上注记了-85字样，这说明死谷最低处低于海平面85米，这是西半球陆地上最低的地方。死谷的名称令人生畏。它是一条又长又深的断层陷落谷地，长225千米，宽6～26千米，两侧绝崖陡立，险象环生，人进去了就很难走出来。1849年，有49名淘金者来到这里，由于迷路，进入低谷，历尽艰险，一部分人终于从西侧陡崖脱险而出，另一部分人却死于干渴、暴晒，永远走

▲ 死谷处在副热带高气压带控制下，气温很高，热量却难以排出，形成一条长长的"火沟"。1913年7月10日，死谷气温达56.7℃，一度创造了世界温度的最高记录。这里全年降水量不到100毫米，蒸发量很大，使植物难以生长。

▲ 这些沙石凹凸不平，犹如高尔夫球场上的沙坑，因此有人戏称之为"魔鬼的高尔夫球场"。

不出困境了。那些幸存者就把这西半球陆地上最低的地方命名为"死谷"。

令人百思不得其解的是，这个地狱般的地方，竟是飞禽走兽的"极乐世界"。据统计，在这里大量繁殖的鸟类有230种，蜥蜴17种，蛇类19种，野驴1500多头，众多的野生动物在这里悠然自得地生活着，各种的昆虫就更加不计其数了。

在死谷的西北角，人们还发现，石头竟像动物一样，会"走路"，留下

了许多来来往往的足迹。美国科学家夏普曾对这种现象进行研究。他把25块石头从小到大顺序排列，还用木桩标出这些石头的位置，然后测量这些石头的移动情况。结果发现有一块石头移动了64米，有的石块朝同一方向运动，有的石块在沙漠上留下了弯弯曲曲的足迹。这种自然现象至今还是个谜。

赤道上有雪山的秘密

乞力马扎罗山位于坦桑尼亚北部的大草原，它海拔5895米，是非洲的第一高峰，它位于赤道附近，但山顶上积雪终年不化，因此也被称为赤道雪山。为什么在那么炎热的地区还会有雪山呢?这种奇特的自然景观是怎样形成的呢?

▼ 乞力马扎罗山

我们知道，气温的高低取决于地面辐射量的多少，离地面越远，气温越低；大约地势每升高1000米，温度要下降6℃左右。高空中空气稀薄，像水蒸气和尘埃这类能吸收太阳辐射的物质也很少，而且二氧化碳、尘埃、水汽的稀少使它们对大气的保温作用减弱，地面辐射容易散失，因此高山温度一般较低。赤道地区平均温度一般在28℃左右。如果山体高度大于5000米，到山顶处温度将降到0℃以下，因此山麓虽然处于赤道附近，炎热无比，但在山顶依旧会有皑皑的白雪覆盖。

乞力马扎罗山是一座圆锥形的火山，它是伴随着东非大裂谷的形成而形成的。地壳断裂时，地壳内的大量岩浆喷涌而出，经过千百万年的积累形成了一座圆锥形的火山。目前乞力马扎罗山已停止了岩浆活动，是一座死火山。

另外，在南美洲北部、非洲中部和印尼的一些群岛，在赤道穿过的地方分布有许多高于5000米的山脉，这些山脉也有赤道雪山的存在。

"火焰山"不是神话

《西游记》中有一段精彩的故事：孙悟空三借芭蕉扇，唐僧师徒智闯火焰山。这火焰山并非杜撰，而是确有此山，它就是位于新疆吐鲁番地区的火烧山。

火烧山最早记载于奇书《山海经》中，称其为"炎火之山"。因古代人不解"山何以会燃"而编出了一个个奇妙的神话。现代人揭开了火烧山之谜，"火焰山"从此告别了神话世界。

那如同烈焰飞腾的火烧山像一条火龙盘绕天山脚下，"白天烟雾腾腾，黑夜火光冲天"。这烟这火是源于此地的一片大煤田。火烧山地表下有一厚达39米的易烧层。由于吐鲁番地区干旱少雨，炎热似火，难以形成土壤覆盖煤层，又由于天山上升运动高出潜水位，暴露出空气中的煤层便自行着火燃烧，燃烧时形成的裂隙成了通风"烟囱"，促进了煤层的不断燃烧。燃烧过的岩石变成了红黄色的火烧岩，质地坚硬，不易剥蚀，便成了一座座火烧山断断续续矗立在地面上。夏日炎炎，骄阳似火，红色岩石在烟气作用下火光闪闪，俨然像一座骇人止步的"火焰山"。

科学家在高出地表百米的火烧山上，还发现了被冰川搬运到6千米之外的天山脚下的烧结岩，这说明，煤层燃烧必是发生在冰川活动之前，距今已有几十万年了。第四纪以来煤层的燃烧就未停止过。

地球上最大的"伤痕"

在世界地图的东非区域上，你可以看到一条长长的"伤痕"，那里就像被人用刀深深地划开了一条长口子——这就是奇异的东非大裂谷，谷长6500千米。说它是东非大裂谷，可它

▲ 埃及风光

从南土耳其开始，一直到莫桑比克海岸，横跨亚洲和非洲，所以又被人们称之为"大地脸上最大的伤疤"。

东非大裂谷是怎样形成的呢？它是地壳撕裂、大陆扩张运动的结果。裂谷每年裂开的距离在不断增加，不同的地段裂谷加宽的距离也不一样。科学家们说，再过几亿年，东非大裂谷会越裂越开，直至"分娩"出一条新的大洋，把东非同非洲大陆完全分隔开来。到那时，地球上又将有一个新的大洋诞生，可惜我们都看不到这个奇异的时刻了。

东非大裂谷

大裂谷中那些割裂最深的"伤口"，都已经被水灌满，形成了40多个带状和串珠状的湖泊群。未被湖水占据的裂谷，是一条巨大而狭长的凹槽一样的沟谷，宽度大约50千米，两边是陡峭的悬崖，高度差最大的达千米以上。谷底有两条平行的深长裂隙，深达地壳底部，是地下炽热岩浆喷出的通道，这条通道使裂谷带成为大陆上最活跃的火山带和地震带，共拥有10多座活火山和70多座死火山。

东非大裂谷形成了很奇异的地貌形态：坦噶尼喀湖深1435米，马拉维湖深706米，分别为世界第二和第四深的湖。但由于它们位于非洲大陆上地势最低的深沟，如果把湖水抽干，那这两个湖底将分别低于海平面653米和243米；另一方面，沿裂隙涌上来的熔岩流，构成裂谷两岸的埃塞俄比亚高原和东非高原，最高海拔将近3000米，素有"非洲屋脊"之称。在高原的上面还遍布高大的火山锥，如乞力马扎罗山海拔5895米，肯尼亚山海拔5199米。大裂谷地区地势开阔，人烟稀少，大小湖泊是热带动物赖以生存的宝贵水源，所以这里动物种类繁多，许多国家都沿谷开辟了自然动物公园和野生动物保护区。

河流弯弯曲曲的奥秘

▲ 弯曲的亚马孙河

两点之间最短的距离是直线。这条规则，同样适用于大河与小溪。可我们看到的却是，尽管在平坦的平原地区，并无山峰或别的障碍物，河流也依然弯弯曲曲地前进。人们把弯曲的河道，叫做河曲。为什么不需要任何人工帮助，河水就会自然而然地蜿蜒前进呢？

原因只有一个：没有一个地区真的会平坦到使水的流向没有丝毫的改变。一个微乎其微的弯道，就会发展成一段河曲或者"之"字形的河道。顺着弯道流淌的河流，很像在拐弯中的汽车——有一股力量把它向外推。挤在弯道里的河水，为了继续向前流动，必须加大流速。弯道外侧的水，流速比较快，总是冲刷着外侧的河岸，把河岸向外推移。相反，内侧的水，流速慢一些，水里的漂浮物、泥沙、植物等，很容易在这里沉淀下来。在河水的不停冲击下，河床外侧不断地向外扩张，内侧因为积淀物的增加，不断形成新的土地。随着时间的推移，小小的河床弯道，就会变成一段河曲。但河曲也不会永远是河曲。在河水的作用下，迟早有一天，狭窄的弯道会重新被冲开，河床的弯道会变得又宽又大，河水又能直线流动了。渐渐地，原先的弯道干涸了。河水有了新的笔直的河床。在笔直河床里流淌的河水，总会再碰到小小的拐弯，于是又重新开始形成新的弯道。无论大河还是小溪，总是这样不断循环往复地改变着自己的水道。

泉水的奥秘

泉水和雨水有关系。雨有大有小，小雨只能打湿地面，慢慢地，水化为水蒸气，蒸发掉了。大雨如泼如注，水匆匆忙忙向着低洼的地方流去，流进水坑、池塘，流到附近的小河里去。地面上的水有的蒸发掉了，有的流到河里了，还有一部分渗到了地下，成了地下水。你想想，植物从地下吸取的水分，人们打井取来的水，是从哪儿来的呢？对了，它们绝大部分是从地面渗到地底下去的！

▲ 山间小溪

地面上的水沿着泥土、沙粒和有裂缝的岩石往下渗漏，遇到致密的岩石或紧密的土层(如黏土层等)，水就被截住不能再往下渗漏了，这一层叫不透水层。地下水就在这里慢慢地积储起来。雨水多的时候，渗到地下去的水多，地下水就会升高；雨水少的时候，渗到地下去的水就少，地下水就会降低。地下水与地面水有一个相似的地方，也是随着地势的起伏，从高处向低处流动。不过，因为有泥沙等的阻挡，它渗流得很缓慢。

▲ 济南趵突泉

有的地下水从水源地流入两个不透水层的中间，它经受的压力往往很大，水量往往很稳定，埋藏在地下较深的地方。这种地方的地下水，自己不会流出来，需要人工打井。

不过，有些埋藏比较浅的地下水却在地下渗啊、流啊，总想找机会在低处的裂缝中冒出地面，这就是人们常说的泉水！

间歇泉之谜

自然界里有一种喷泉叫间歇泉，这种泉水不会不停地往外涌流，而是喷射一阵之后就自动停止下来，平静一段时间又会开始一次新的喷发。这种泉喷出来的是热水，高大的水柱伴着翻滚的气团直冲蓝天，蔚为奇观。正因为这种泉喷喷停停，停停喷喷，所以就得了间歇泉这么个名字。

间歇泉为什么喷一阵子之后要歇一会儿呢？这是由间歇泉的形成条件决定的。间歇泉都分布在地壳运动比较活跃的地区，地下不太深处有岩浆活动。靠近岩浆活动地带的地下水，有通向地面的泉水通道。底层的地下水被岩浆加热，不断升温。当热水的蒸汽压力超过上部水柱的压力时，高温高压的热水和蒸汽就把通道中的水全部顶出地面，形成强大的喷发。随着水温下降、压力减低，喷发就会暂时停止；当温度和压力升到一定程度时，又会产生一次新的喷发。

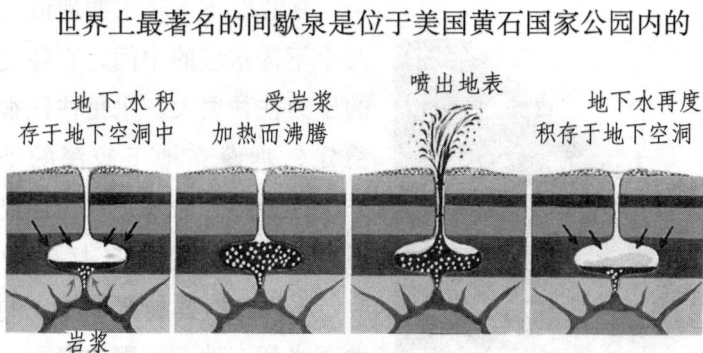

世界上最著名的间歇泉是位于美国黄石国家公园内的"老忠实"间歇泉，它有规律地喷发至少已有200年，每小时一次喷射出约4.55万升水，高度达30～45米，每次持续时间为5分钟。

地下水积存于地下空洞中　　受岩浆加热而沸腾　　喷出地表　　地下水再度积存于地下空洞

岩浆

▲ 间歇泉的结构

潮汐形成的奥秘

世界上大多数地方的海水每天都会涨落。白天海水上涨，叫做"潮"；晚上海水上涨，叫做"汐"。海水为什么会时涨时落呢？这个问题从古代起就引起

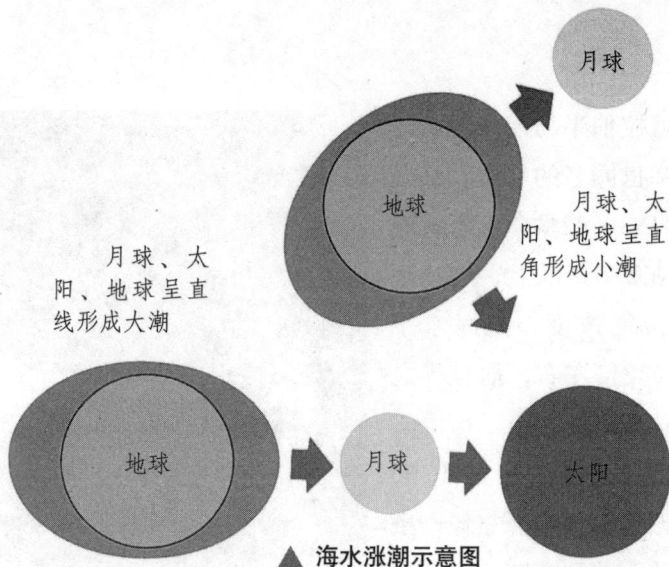

▲ 海水涨潮示意图

了人们的注意。直到英国物理学家牛顿发现了万有引力，揭穿潮汐的秘密才有了科学依据。

现在人们弄清了，潮汐现象主要是由月球的"引潮力"引起的。这个引潮力是月球对地球的引力，加上地球、月球转动时的惯性离心力所形成的合力。

月亮像个巨大的磁盘，吸引着地球上的海水，把海水引向自己，同时，由于地球也在不停地运动，海水又受到离心力的作用。一天之内，地球任何一个地方都有一次对着月球，一次背着月球。对着月球地方的海水就鼓起来，形成涨潮。与此同时，地球的某个另一点上的惯性离心力也最大，海水也要上涨。所以，地球上绝大部分地方的海水，每天总有两次涨潮和落潮，这种潮称为"半日潮"。而有一些地方，由于地区性原因，在一天内只有一次潮起潮落，这种潮称为"全日潮"。

潮起潮落

不光月球对地球产生引潮力，太阳也具有引潮力，只不过比月球的要小得多。但当它和月球引力加在一起的时候，就能推波助澜，使潮水涨得更高。每月农历初一时，月亮和太阳运行到同一个方向，两个星球在同一个方向吸引海水；而每月十五，月亮和太阳运行到相反的方向，月球的明亮部分对着地球，一轮明月高空挂，这时，两个星球在两头吸引海水，海潮涨落也比平时大。我国把初一叫做"朔"，把十五叫"望"，因此这两天产生的潮汐就叫做"朔望大潮"。

红海之谜

在亚洲的阿拉伯半岛与非洲大陆之间，有一个举世闻名的红海。红海的含盐度高达41‰～42‰，红海海底有些地方甚至在270‰以上，这几乎达到盐饱和溶液的浓度，是海水平均含盐度35‰的8倍左右，居世界之首。

红海长约2000千米，最宽处306千米，面积45万平方千米。它像一条长长的蜗牛，从西北到东南，横倒在亚洲的阿拉伯半岛和非洲大陆之间。

▲ 红海之滨

北端是苏伊士湾和亚喀巴湾，中间夹着西奈半岛；苏伊士湾通过苏伊士运河与地中海相通，南端经曼德海峡同亚丁湾和阿拉伯海相连。千百年来，红海是一条活跃的商业通道。1869年苏伊士运河通航后，这里更成了大西洋、地中海与印度洋之间的交通要道。

红海之所以称为红海，是由于红海局部地区繁殖着大量红色的海藻，因此，那里的海水看起来是红棕色的，所以叫它红海。

红海为什么含盐量高

红海含盐量高的主要原因是这里地处热带、亚热带，气温高，海水蒸发量大，而且降水较少，年平均降水量还不到200毫米。红海两岸没有大河流入。在通往大洋的水路上，有石林岛及水下岩岭，大洋里稍淡的海水难以进来，红海中较咸的海水也难以流出去。另外，海底深处还有好几处大面积的"热洞"。大量岩浆沿着地壳的裂隙涌到海底。岩浆加热了周围的岩石和海水，出现了深层海水的水温比表层还高的奇特现象。热气腾腾的深层海水泛到海面，加速了蒸发，使盐的浓度愈来愈高。因此，红海的水就比其他地方的海水咸多了。

海水是从哪里来的

我们都知道，地球表面上大约70%的地方都是水，那么，这些水究竟是从哪里来的呢？

根据科学家多年的研究推断，在地球形成的初期，岩石物质中含有大量的水分和气体。由于地球的重力作用，岩石之间互相挤压，越来越紧

黑海之谜

在人们的印象中，海水的颜色应该是蓝色的，可是黑海的水却是黑色的。这是为什么呢？

黑海的海水呈黑色的原因，一是欧洲国家的13座工业城市、1.6亿人口排放的污水全都流入了黑海，污染最严重的时候每立方千米海水中可捞获两万千克的废弃物。二是黑海200米以下的深水里还含有有毒的硫化氢。黑海里的水缺氧，生物尸体在里面腐烂发臭，使水变成了青褐色。三是冬天黑海有强大的风暴，威胁着船只的安全，两岸还有高耸的暗黑色的峭壁。综合上述原因，黑海的水呈现出了黑色。

密，将岩石中的水汽挤压了出来。水汽在地下不断汇集，越来越多，导致地壳不稳定，活动越来越剧烈和频繁，地震、火山爆发等纷至沓来。这样，地下的水汽得到了释放的出口，分散到空气中，遇冷凝结，形成雨水降落下来，并在小行星碰撞地球形成的低洼处聚集。慢慢地，地球上出现了原始的海洋。

当然，这一切还仅仅是推断，随着科技的发展，科学家终将彻底解开海水来源之谜。

海底世界的奥秘

望着时而波涛汹涌，时而风平浪静的海洋，人们都想透过蔚蓝色的海水，了解海底世界的奥秘。海底世界到底是什么样子呢？

海洋底部和陆地一样，有高山，有深谷，有盆地，也有平原，地形甚至比陆地更为复杂。

靠近陆地的海底，涨潮时被海水淹没，落潮时露出水面，这是海滩，也叫潮间带，是陆地和海洋的分界线。

▲ 海底世界

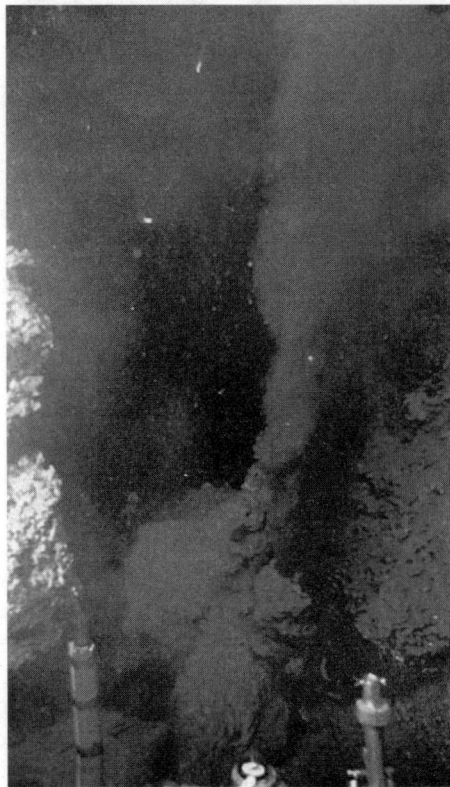

潮间带往外，海底坡度平缓，水深一般在200米以内，叫大陆架。大陆架环绕在大陆周围，有的地方宽，有的地方窄，平均宽度160多千米。

从大陆架向外，是一个陡峭的斜坡，叫大陆坡，地形急转直下，水深从几百米很快就到了一两千米甚至更深。大陆坡的宽度只有几十千米。大陆坡往外，是一片比较平坦的海底，叫陆基。从陆基再向外，就是大洋洋底了。就整个海洋底部的面积来说，大洋洋底占了78%，大陆架、大陆坡、陆基加起来只占22%左右。从总的轮廓来看，海洋底部像一个大水盆，大洋洋底就是这个水盆的盆底。

大洋洋底像陆地上一样，有着复杂多样的地形。有雄伟高峻的海底山脉，辽阔的海底高原，平坦的深海平原，峻峭的海底山峰和孤立的海底平台。这些峻峭的海峰，实际上是一座座海底火山，有的高达几千米，顶部露出水面，成为海洋中的岛屿。

北极圈内的不冻港

北纬66°34′这条纬线，称为北极圈。北极圈内阳光以很小的角度斜着照射，其中有半年时间，长夜漫漫，甚至24小时不见太阳，所以气候严寒，属于北寒带。

北极圈内，有世界上最小的洋——北冰洋。它大部分海域的水温全年都在0℃或0℃以下，表层海水结成平均厚3米的冰盖。北冰洋沿岸的港口，在冰层包围中，几乎全部成"死港"。但是，俄罗斯的摩尔曼斯克港却是一个例外。

摩尔曼斯克在俄罗斯西北角巴伦支海(属北冰洋)南岸、北极圈以北200多千米的地方。这里陆上也很冷。6月份还有飞雪，7月份最高温度超过20℃的日子就算"大热天"。冬季的气温经常下降到零下二三十摄氏度，土地自然冻得硬邦邦，冲上甲板的海水很快就结成冰，被浪花溅湿的海员的衣衫也会马上成为冰凌。但港湾内的海水却不结冰，船只进出港口比其他季节还繁忙。

▲ 生活在北极的北极熊

摩尔曼斯克港不冻的奥秘，是由于有一股强大的从墨西哥湾流出的温暖海水，斜穿大西洋来到欧洲西北部沿海。这股名叫"北大西洋暖流"的温暖海水，像一根巨大的暖气管，把热量输送到欧洲西北部沿海。它有一股分支影响巴伦支海，使那里的海水变得相对温暖，最低温度不低于3℃，因而不会冰冻。

人体奥秘

一直以来，如何获得强健的身体是人类永恒的话题。要想保持身体的健康，首先就要对人体构成有一定的了解。只有当你彻底地了解了自己的身体结构，才有可能保有健康的体魄与灵魂。

人为什么会衰老

传说秦始皇为了一直做帝王，曾派徐福带500个童男、500个童女漂洋过海，去寻找长生不老药，徐福没有找到，也不可能找到。衰老、死亡是自然规律，是不可避免的。那么，为什么人会衰老呢？我们可以从细胞分裂来探究人衰老的原因。

人体有几百亿个细胞，从它们是否能分裂繁殖来看，可分为两大类：一类是不能分裂再生的，如脑细胞，随着年龄增长，出现细胞内蛋白质代谢异常，逐渐死去，人就衰老了；另一类是能分裂再生的细胞，例如皮肤、造血器官的细胞，它们在身体内分裂50次便告停止，不能一直分裂下去。专家发现：动物细胞分裂次数与寿命有关，例如：小鼠细胞分裂次数12次，它的寿命3年；鸡的细胞分裂25次，它的寿命30年；人的细胞分裂次数为50次，其自然寿命就是120年了。

▲ 年轻人的体细胞

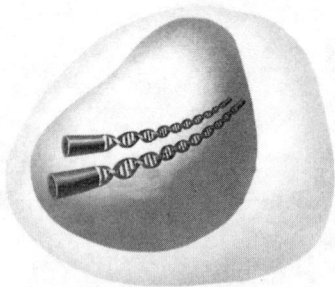
▲ 老年人的体细胞

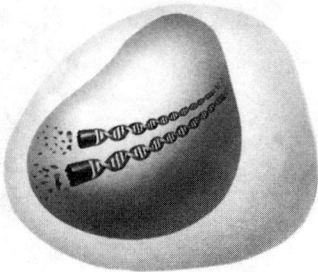

细胞的寿命，是由遗传决定的。自由基能与分子氧形成过氧基，破坏细胞膜的类脂质，引起细胞损伤而衰亡；细胞内的溶酶体发生溶解也可死亡；其他如内分泌和免疫系统，也与衰老有关，如性激素、胸腺素分泌减少，免疫功能减退，都会逐渐使人变老。衰老是自然规律，人们可以通过保健延缓衰老，延长寿命，但不可能长生不老，返老还童，人生永远是一条单行道。

人的嗅觉本领

人的嗅觉本领并不是始终如一的。据测定，在我们的一生中，10岁至50岁是嗅觉最灵敏的时期。因为10岁以前，嗅觉黏膜还没有完全发育好；50岁以后呢，嗅觉黏膜又开始萎缩，嗅细胞逐渐减少，脑的嗅区也慢慢地发生老化。80岁以上的老人，可能有近一半人嗅觉迟钝，有的甚至已闻不出什么气味。所以，因煤气漏气而中毒的事故中，竟有3/4是60岁以上的老人。

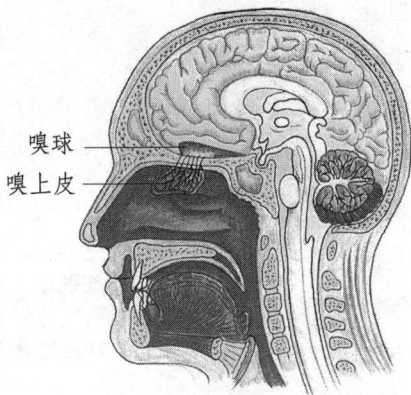

嗅球
嗅上皮

▲ 嗅区的位置

一种新的观点认为，老人嗅觉减弱可能还与病毒的长期侵袭有关。

吸烟者的嗅觉一般有所减退；长期接触铅、汞、二硫化碳等有毒物质的人，嗅觉也相对要差一些。

研究者还发现，刚刚睡醒的人嗅觉功能比较迟钝，起床1小时后的鼻子就开始灵敏起来，4小时后最为敏感。要是饱肚时与饥饿时相比，饥饿时的嗅觉较灵敏，饥肠辘辘之际闻起食物的气味来，鼻子就更尖了。

就男女而论，则不管年龄有多大，在同等条件下，女性在辨别气味测验中的平均成绩都超过男子，但在月经期和孕期除外。

死者眼里留有"照片"吗

人们传说，死者的眼里会留下最后一瞥的影像，如果死者是被害死亡的，罪犯就会因此而被捉拿归案。

如果说眼睛确是"录像器"的话，那这录像器就一定是"照相机的底片"——视网膜了。

情况到底如何呢？

古希腊人以为能"抓住"影像的是晶状体，视网膜被认为是营养晶状体和传达"视觉精神"的工具。直到16世纪，瑞士解剖学家才提出：晶状体的作用只是接受和折射光线，把它传到视网膜上去。1604年，德国天文学家开普勒也说视网膜有"涂绘"

巩膜，也就是我们所说的白眼珠或眼白。质地坚韧，保护着眼球。

玻璃体为透明的胶质体，主要成分为水。

睫状体

脉络膜占色素膜的大部分，覆盖眼球后部，负责遮挡光线，为眼球内成像创造了暗箱的效果。

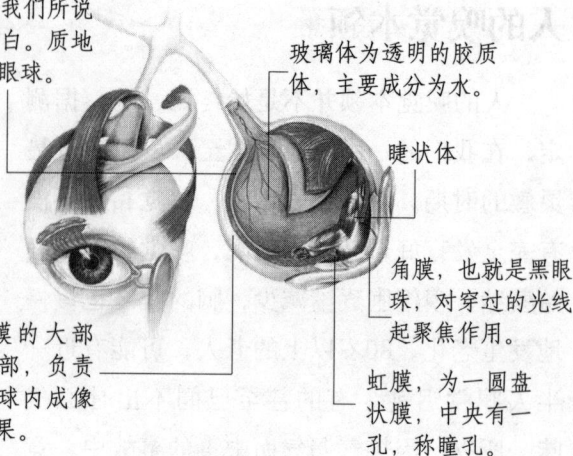

角膜，也就是黑眼珠，对穿过的光线起聚焦作用。

虹膜，为一圆盘状膜，中央有一孔，称瞳孔。

▲ 眼球结构图

看到的形象的功能。但是，这些毕竟还是推论，还必须拿出更可靠的证据来。

终于，神职人员史钦纳第一次揭示了这个问题的秘密。他把眼球后面许多不透明的结构一层一层地剥去，后来真的在视网膜上发现了"录像"——是死者在死前一刹那中所看到的事物。然而这"录像"是模糊的，而且极易消失。到19世纪后期，用化学物质已能使最后看到的"录像"暂时固定在视网膜上以后，人们才普遍接受这种看法。

德国科学家科伦曾用鸽做试验。在阳光下，让鸽的眼睛对准窗格，然后立即把它杀死，解剖后，果然在视网膜上发现了窗格的"录像"。

据说国外有些侦查人员已能利用被害人视网膜上的图像跟踪追击，从而把杀人凶犯捕获归案。

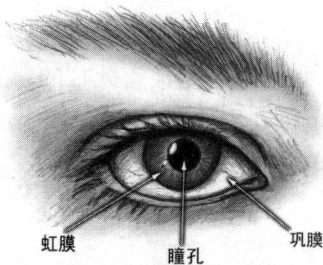

虹膜　　瞳孔　　巩膜

▲ 眼睛的外观构成

尽管如此，若想真正取得视网膜上的"录像"又几乎是不可能的。因为留下"录像"的条件相当苛刻，不仅死者在死前一瞬间要"眼明心亮"（在糊里糊涂的情况下能够看到什么呢），而且必须迅速固定、取影。错过了时机，一切也就化为乌有了。

从种种材料看，眼睛真的可以留下人影。

人的视觉并不都可靠

你如果没有从图片上、电影上看过熊猫，只靠文字说明，就很难理解熊猫的模样。你只有亲眼看过熊猫以后，对熊猫的形态才有了较具体的了解。

俗话说：眼见为实。视觉是我们获得"真知"的最重要因

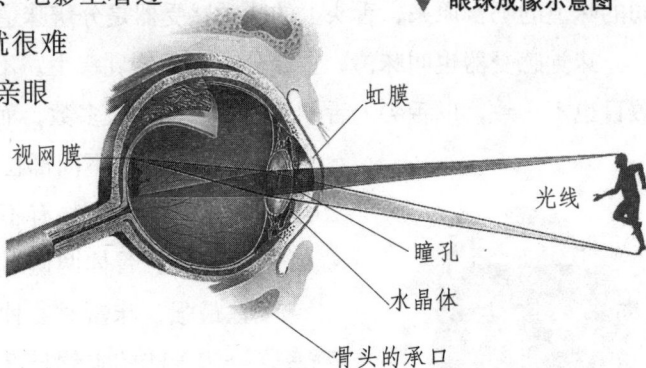

▼ 眼球成像示意图

虹膜
视网膜
光线
瞳孔
水晶体
骨头的承口

素。但是，眼睛见到的是否全都是正确可靠呢?倒也不见得。

在舞台上，魔术师的精彩表演，曾经使多少人赞叹不止呵。然而，魔术师的高超之处，正是利用了人们视觉的不可靠性。

一个物体处在一些小的物体中间，就好像比原来大了，而处在大的物体中间，就好像比原来小了。两条线是一样长的，可看起来，竖线要比横线长。看白色图形时，我们总感到比同样大小的黑色图形要大些。所以会有这样的错觉，是因为发生了在物理学上叫作"光渗作用"的缘故。

最典型的例子要算是法国国旗的图案了。法国国旗是由蓝、白、红三色组成的。最初，设计者想让三种颜色的宽度各为旗的1/3。但制成后一看，人人都觉得蓝色占的面积要比白色和红色大。为了适应人们并非正确的视觉习惯，只得重新加以修改，把蓝、白、红色的比例改为30：33：37。这样，大家反而都觉得三者是"一样宽"的了。

还有一件历史趣事：在一次心理学会议上，主席要每个人写下突然演给他们看的一幕表演。结果在40个人中，没有一个答对的，有25人的错误竟在40%以上，有一半人还捏造了细节。有一本叫作《论视觉的幻影》的书，就特地指出和论述了视觉中的"不可靠性"。

为什么眼睛会产生错觉?科学家至今仍未作出满意的解释。

舌头辨味的奥秘在哪里

在我们品尝食物的时候，舌头能够分辨出各种味道。你知道人是如何分辨不同的味道的吗？原来，舌头上的味觉感受器是分辨味道的"功臣"。

味觉感受器也叫味蕾，主要分布在舌体乳头上。不同部位的乳头，所含味蕾数目也不一致，以舌尖、舌侧及舌体后部占大多数，而舌体中部感受器较少，味觉也迟钝。不同部位味蕾的味受体是不同的，对不同的刺激物有不同的敏感区。舌尖两侧对咸敏感，舌体两侧对酸敏感，舌根对苦的感受性最强。味蕾对各种味的敏感程度也不同。人分辨苦味的本领最高，其次为酸味，再次为咸味，而甜味则是最差的。

味蕾中有许多受体，这些受体对不同的味具有特异性，比如苦味受体只接受苦味配体。当受体与相应的配体结合后，便产生了兴奋性冲动，此冲动通过神经传入中枢神经，于是人便会感受到不同性质的味道。

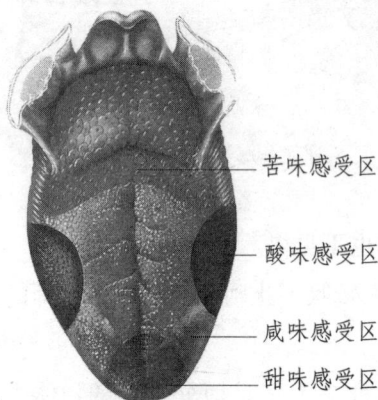

— 苦味感受区
— 酸味感受区
— 咸味感受区
— 甜味感受区

▲ 舌头的味觉区

最活跃的人体器官

人身体最活跃的"部件"莫过于舌了。吃东西时，它在口腔内搅拌，让你品尝到酸、甜、苦、辣、咸各种味道；说话时，它上下摆动，参与发音；歌唱时，除了声带发音之外，一切美妙的旋律、动人的歌声，都是由舌头制造出来的。

人的舌头大致在10厘米左右，约合市尺3寸。舌为肌性器官，分舌体与舌根两部分。舌体占2/3，舌根为1/3。舌体灵活，它可进行举、降、伸、缩、纵、展、卷、曲、侧等多种动作。

舌体由三叉神经支配，舌根由舌咽神经支配，舌根附着在舌骨之上。

人吃进的食物去哪了

无论是白天黑夜，我们身体总是温暖如常的。对此，古人十分惊奇，并把身体比作一只不断在燃烧的"火炉"。应该承认，古人的看法并非全无道理。因为，我们吃下去的东西，的确有大部分是被身体火炉"烧"掉的。

身上的牙齿、肌肉、血液、毛发、骨头等等，看起来好像完全不同，但是组成它们的基本材料是一样的。这些物质时时都在消耗，而消耗掉的东西，则必须不断地加以补充、更新，方法是：吸进氧气，吃进食物和水，在酶的作用下，在身体内进行复杂的化学反应。这就是新陈代谢。新陈代谢是生命活动的基本特征。新陈代谢一旦停止，生命也就随之停止了。

300多年前，意大利的桑克陶瑞斯教授做过一次有趣的实验：把一只椅子挂在一杆大秤上，自己整天地坐在椅子上面，不时地记录体重的变化。他发现，吃东西后体重增加，可过会儿又慢慢变轻些了。

这位教授于是推论：吃下去的东西化作"无形的汗"跑掉了。

现在已经明白：吃下去的东西，一部分变成身体生长发育和修补的材料，一部分满足了机体新陈代谢的需要。"无形的汗"如果是指从鼻孔里呼出的二氧化碳和水蒸气，以及蒸发掉的汗液，那"有形的汗"大概就是通过大小便排出的废物。

我们不断地吃进食物，吃进的食物也就这样不断地跑掉啦。

牙齿
口
舌
气管
会厌
食道
胆囊　肝　胃
胰脏
幽门括约肌
十二指肠
大肠
结肠
阑尾
直肠
肛门
小肠（回肠）

▲ 人体消化器官

胃的奇特能力

人的胃到底能消化掉什么？至今还令生理学家们感到困惑。因为有些人什么东西都能吃。

纽约麦托罗帕里坦医院收容了一个自称"肚子沉甸甸"的患者。经过手术，从他胃里竟取出硬币300枚，指甲钳子40把，螺丝、螺帽100余件"食品"。

瑞士的卡缨·罗谢在吞食硬物方面是"行家"，作为马戏团的演员他最喜欢吞食剃须刀，他至今已若无其事地吞下过5万多个钢铁硬物。用X光检查他的胃，又发现里面有一把短剑。

印度新德里的萨林贾马伊克的佳肴是每餐1块砖。你不必替他担心，他本人就是医生。

英国的瓦尔特·克纳里乌斯的美餐是杂草，而且吃的时候从不忘记使用小刀和调羹，还真有点绅士派头呢。

琼·玛莱依也是一位英国人，他是个"烟迷"，不过不是抽而是吃。"香烟三明治"是他最偏爱的食物，可是一般人吃了却会丧命。

美国人经常搞一些吞物比赛，在一次生吞加利福尼亚金鱼比赛中，莱纳德用4小时的时间吞下了501条鱼，从而获得冠军。

最令人称奇的要算美国人利斯了，他的嗜好是吃灯泡。因为灯泡被吃，他家时常不得不靠点蜡烛过日子。

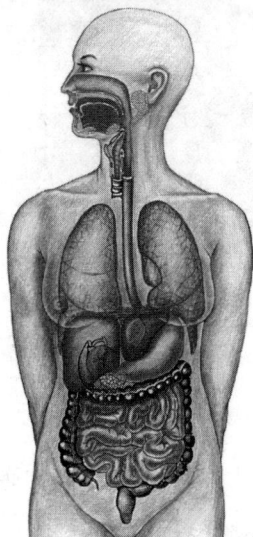

▲ 人体消化结构

永不疲倦的心脏

在人的一生中，心脏是永不停止地在跳动的。对这种现象，自古以来就有许多人感到惊异：难道心脏就不知道疲倦吗？

心脏的"永不疲倦"之谜，古代是无法解答的。随着科学的发展，这个谜终于逐渐揭开了。

心脏收缩时从一端挤出血液，接着放松，从另一端吸进血液。心脏的收缩和舒张，就是我们平常所说的心脏的一次跳动。心脏不断地收缩和舒张，血液才川流不息地运行。

心房和心室都会收缩和扩张，但所费时间略有不同。心脏每跳动一次大约要用0.8秒时间。在这0.8秒中，心房收缩只花去0.1秒，舒张时间倒有0.7秒；心室收缩只要0.3秒，舒张时间还有0.5秒。舒张就是放松，而放松实际上等于休息。因此，看起来心脏好像不停地在工作，其实它的大部分时间却处在静息状态。它既会工作又会休息，劳逸结合得很出色。睡眠的时候，心脏的跳动次数约由70次减到55次，它的休息时间自然也就更多了。

心脏结构

▲ 心脏结构

心脏的跳动为的是保障身体各器官得到正常的养分。反过来，大量血液不断流经心脏时，它本身也获得了更多的营养。由于心脏始终有着充足的养料，它本身又能充分地进行"消化""吸收"，所以显得强壮有力，不易疲劳，能够精神抖擞地一直欢跳着。

心脏与癌难结缘

1985年，江苏省人民医院为1名心脏里长有3个肿瘤的9岁病孩切除了肿瘤，术后情况良好。

每天有多少人要在医院里进行这样那样的手术啊，何以这位病孩的手术要被新闻界关注呢，原因就在于这是"国内外罕见"的病例。

人体的器官，诸如脑、肝、胃、肠、肺、肾、骨、肉、皮肤等都会生癌肿，但心脏很少发生肿瘤，即使有，这些肿瘤的80%也属良性。心脏与癌很难结缘。

北京医科大学查验了1948～1983年的5000例尸检资料，发现他们之中有395

例死于癌症，但无1例是心脏癌。国外的研究报告也说，心脏癌的发生率仅为身体其他脏器的四万分之一。

心脏与癌难结缘的奇特现象早就引起了各国学者的注意。人们在思索：究竟是永无休止的搏动的"流水不腐"的作用使癌瘤难以"生根"呢，还是有一位尚未暴露身份的"守护神"在暗暗保护它呢？尽管现在尚未揭出其中奥秘，但是，可喜的苗头已经发现了。

专家们分别从猪和鼠的心脏里提取到一种物质，发现这种物质耐热、耐酸，能显著地抑制骨髓瘤细胞及转移性腹水中瘤细胞的生长；这种物质能杀伤癌瘤细胞，但对正常细胞却秋毫无犯——敌和我，它分得很清楚。

▲ 心脏模型

假如进一步弄清了这种物质的来龙去脉和抑癌原理，那么，人类就可能找到一件与癌斗争的新武器，也就为攻克癌症开辟了新的途径。

大脑移植的前景

1987年7月29日，北京宣武医院的医务人员，正在施行我国第一例脑移植手术。这是位上了年纪的病人，患有震颤麻痹症。3年来，他全身肌肉颤抖、僵直，不能说，不能笑，不能动，甚至不能吃饭。

这种病主要是大脑内名叫多巴胺的神经介质含量降低引起的。它一般发生在五六十岁的人身上，大约1万人中有3到6个人发病，目前，我国约有50万这样的病人。

手术方法是将病人自身的肾上腺髓质"种"到脑组织中去。因为髓质到了脑子里，就能分泌多巴胺，就能改善或治愈疾病。

手术结果是成功的，从而使我国成为继瑞典、

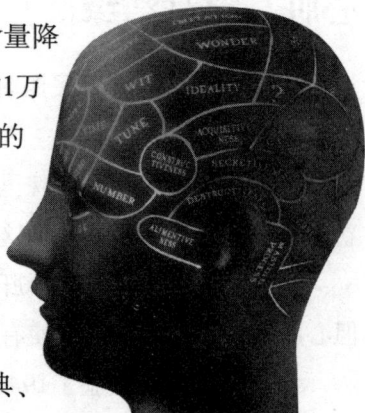

墨西哥之后，世界上第三个能进行这一手术的国家。

大脑是功能复杂而又十分娇嫩的器官。要在"司令部"进行移植，自然困难重重，所以它长期以来成为"禁区"。

现在，"禁区"已经打开，初战已经告捷，更诱人的脑移植前景正展现在我们面前。比如，能够将功能欠佳的脑子换掉，用"聪明"的脑子替代吗？能够将年轻无病的脑替代衰老有病的脑吗？能够使"智慧"的脑代代相传吗？1992年，俄罗斯的托斯克医生宣布：他们成功地将狗头移植到了羊的身上。这只"羊狗"正在莫斯科郊外的一个农场里牧羊。据说它叫起来似狗，吃的却是草，因为它的肠胃是羊的。此前，科学家还成功地将猫脑移植到兔子的头颅中，于是出现了兔追老鼠的怪事，真是不可思议。

秃头的人是否聪明

几十年前，人们发现：美国许多事业上的成功者都是秃头，成功与秃头似乎有某种联系。鉴于这种状况，于是新闻界干脆把秃头誉为"国家之宝"。

"秃头是国宝"，这很可能是耍笔杆的人的一句俏皮话。但"秃头代表聪明"，却是由来已久的看法。例如，莎士比亚在《错误的喜剧》中也有这样的话："上帝使他头发稀少，必给他智慧。"而莎士比亚本人就有点秃发。对此，英国一位博士还试图从理论上予以解释。他认为，由于原先供给秃头那部分的营养液转为脑子所得，脑子

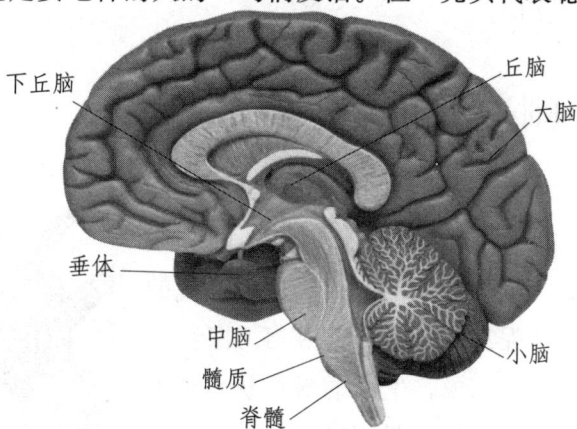

▲ 人脑结构

的营养液多了，就会有更大的发展力，因而就比较聪明。

秃头与智慧究竟有无联系？有多少联系？目前仍然是说不准的。至少爱因斯坦直到逝世为止，仍有一头厚实的头发，而这位两度荣获诺贝尔奖的人的智慧是举世公认的。

据统计，每6个男子中，将有1人会秃顶。然而，医学上对秃发问题尚缺乏明确解释。一般认为，它有遗传因素；可能是头上皮脂分泌过度；也可能是不适宜的性激素抑制了头发的生长而成秃头。上海医学界在1997年宣称：脂溢性秃发的原因是由于雄激素过高。但美国的研究人员则认为，男性秃顶并非因为雄激素分泌过多，而是雌激素分泌过多。

3位英国研究员在动物实验的基础上提出了自己的看法。他们认为，秃发可能与头发毛囊底部的成纤维细胞有关。随着年龄的增加，成纤维细胞逐渐分化衰退，于是造成秃顶。假如成纤维细胞的再生能力增强了，那秃发部位还会长出头发来。要是可以人工合成纤维细胞的话，秃顶者就会重新长出密而结实的头发。还有一种新看法是：秃顶起因于颈椎病。某些国家和地区的秃顶多，是与颈椎病多相联系的。

秃发，特别是老年秃发，通常不是疾病引起，对健康也没什么影响，所以不必多虑。

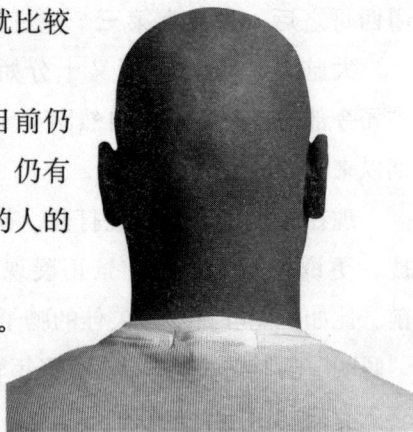

睡眠的作用是什么

《西游记》中的孙悟空本领真大，可用"瞌睡虫"让人呼呼睡去。人体里究竟有无类似瞌睡虫的物质呢？科学家们一直在努力探索。

有人说，生命的最初状态就不是"觉醒"而是"睡眠"，所以人

为什么在睡觉时会做梦

夜深了，人们都进入甜蜜的梦乡，有的在梦中露出微笑，有的在梦中咿咿呀呀低语。人为什么在睡觉时会做梦呢？这要问我们每个人的大脑了。我们每个人的大脑里有许许多多的脑细胞，这些脑细胞有的管我们说话，有的管我们睡觉，有的管我们走路等等，我们不管做什么事都要经过大脑。晚上睡觉时，有的脑细胞和我们人一样也休息了，可是，有的脑细胞却没有休息，所以，我们在白天想的事或看到的事就会在睡觉时重现在脑中，这就是梦。俗话说"梦是心中想"，就是这么回事。做梦是因为有的脑细胞没有休息的缘故。

必须每天花时间去体会一下"最初状态"。后来认为，人要睡眠是由于脑子"郁血"的缘故。再后来，当发现睡眠中身体的血管扩张、血液增多时，又认为睡眠是脑子"缺血"所致。到19世纪末，人们认为动物机体好比是一座制造毒物的工厂，由于需要"净化"白天积累的毒物，所以晚上要睡眠。但是，失眠者的"毒物"又是如何处理的呢？无法解释。后来的研究者则主张：人之睡和醒，那是兴奋和抑制交替出现的必然过程。

最新的见解是：睡眠并不是单纯消极的抑制过程，它是动物的一种特殊工作状态。因为许多激素都能在睡眠中增加分泌，它们显然是在"工作"。

据报道，美国、日本等国的科学家不久前都从尿中发现了"睡眠因子"，这是种肽类物质。据称，它不仅可以催眠，还能对付有害人体的细菌，还可增强免疫功能。照此看来，"瞌睡虫"还是个有用的"多面手"。

不过，既然有"睡眠因子"，是否还有"清醒因子"呢？要不，为什么睡到一定时间会醒来，为什么有时又辗转不能入眠呢？据报道，科学家在1940年就发现脑子有"清醒中心"，但"清醒因子"尚未找到。不过，一种被誉为"瞌睡虫克星"的药品已经生产出来了。20世纪90年代海湾战争期间，美军就用过这种可以让人72小时或更长时间内不打瞌睡的药品。

做梦有害吗

梦是人体的一种特殊的心理现象和自身体验。古往今来，由于梦的内容光怪陆离，人们对梦的解释也丰富多彩。如今科学技术颇为发达，对梦也有了比较科学的认识。

生理学家认为，人做梦与睡眠的不同阶段有关。人的夜间睡眠可以分几个阶

复杂运动协调区
智力、学习、性格中枢
运动中枢
感觉中枢
运动性语言中枢
味觉中枢
听觉性语言中枢
听觉中枢
视觉中枢
总翻译中枢
躯体平衡中枢
脊髓

▶ 大脑皮层中
的功能分区

段，每个时段由慢波睡眠和快波睡眠两部分组成，这两部分循环往复构成一个人的睡眠过程。慢波睡眠也叫非快动眼睡眠，它又分为打盹浅睡、中度睡眠、中深度睡眠、深度睡眠四个阶段，约占整个睡眠的四分之三。快波睡眠又叫快动眼睡眠，顾名思义，这种睡眠时人的眼珠出现快速的水平方面

的往复运动，睡眠的人感觉不到这种运动，但旁人可以观察得到。这种睡眠约占整个睡眠的四分之一。梦境就出现在快波睡眠中。现代生理学研究证明，人每晚几次的快动眼睡眠都在做梦，只是由于人对梦的记忆转瞬即逝，所以只能记得清醒前所做的梦。梦的内容多是令人不快的情境，国外有研究发现64%的梦境伴有悲哀、忧惧和愤怒，只有18%的是令人愉快和兴奋的。由于人人都做梦，梦境又与现实生活密切相关，因此梦在历史上一直被看作是具有预兆性的，可以从中洞悉未来。我国古代有很多关于梦的书籍，但其中有很多唯心主义的糟粕。国外弗洛伊德在1900年出版了《梦的解析》一书，具有划时代的意义，认为梦不仅可以使人通过无害的幻觉得到自我宣泄，还保障了睡眠的连续性，从而使人们对梦有了一种新的认识。

科学家虽然尚未能用神经生理学来解释做梦的机制，但有几种提法，即有人认为做梦是去除人在清醒时脑内形成的误差的反映，即做梦是为了忘记，也有人认为做梦是为了加强对白天重要事件的记忆。不管人做梦的确切机理如何，科学家已经证实，梦是人在生理上必不可少的。

双胞胎为何有心灵感应

双胞胎之间存在着心灵感应现象，目前，这一观点已被国际医学生理界普遍接受。并且，事实表明，心灵感应现象仅仅出现在同性双胞胎之间，而这些双胞胎中以同卵双生双胞胎占绝大多数。

这是怎么回事呢？很显然，双胞胎的心灵感应现象与他们共有的遗传性、相同的生理生化基础密切相关。同卵双胞胎的肤色、身材、智力、性格、爱好等都非常相似，甚至在其生活环境相似时，会同患一种病。遗传学家米伦斯科认为，遗传病的患病概率与心灵感应现象的出现概率的变化趋向是基本一致的。

如何解释这种现象呢？1977年在华盛顿召开的第二届研究双胞胎问题的国际大会上，与会者就此进行了探讨。他们认为，受精卵分裂的时间，是决定同卵双胞胎分子相似到何种程度的非常重要的因素。如果一个受精卵分裂成两个相同的受精卵的时间越短，则彼此的独立相似性程度就越大。

另一种解释则认为，心灵上的彼此感应现象，是一种比普通遗传学更为复杂的四维时空现象的基因，它有长度、宽度和高度等三维空间结构；尽管同卵双胞胎的遗传因素完全相同，但是，如果再加上相同的时间因素作用，那么将因此而出现这种心灵上的感应现象。

心灵感应的真正原因究竟是什么，还有待于人们进一步研究探讨。

有人还认为，双胞胎之间的心灵感应现象，是由于他们两人的生物电、接受器和释放像遗传物质非常一致：当一方的生物电释放器启动时，而且放电的功率

人体奥秘

人吃饭时，食物从口进入胃内要花4至8秒钟，可在胃内停留长达4小时。

40岁以后的人，每天约有1000个神经细胞死亡。

在视网膜里获得清晰的图像，需要0.1秒的曝光。

分布在舌面的味蕾细胞，平均寿命10天半。

指纹在新生儿诞生前6～8周形成。

人脑约有140亿个神经细胞，每个神经细胞又同1万个细胞联系，最快的传递速度为每秒1万厘米。

一个人每天要分泌消化液8升之多，其中胃液就多达1500～2500毫升。

人体分布着大大小小的血管，要将它们连接起来有10万千米长，是赤道长度的2.5倍。

人的肝脏约占体重1/40，由25亿个肝细胞组成，整个肝脏系统能容纳3升血液。

足够大，另一方就可能接受到，并表现出相应的生物电，结果形成了同卵双胞胎的思想和行为在相同时间内的相互感应。非同卵双胞胎，虽然也可能具有相同的生物电接受器和释放器，但由于他们的遗传性往往不一致，于是也就难以同步。

人的血为什么是红色的

人的血液呈红色，是因为血液里含有由红色蛋白质——血红蛋白构成的红血球。红血球，也叫红细胞，是血液的主要成分。在我们的身体里，每1立方毫米(约相

▲ 显微镜下的红细胞

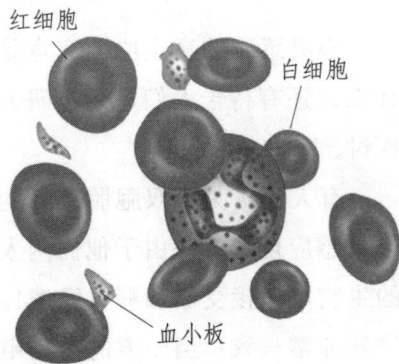

红细胞

白细胞

血小板

▲ 血细胞的种类

当于一颗小米粒那么大)血液中，就有红细胞400～500万个左右。所以，血液看上去就成了红色的了。

血液的红色也有变化，有时是鲜红色，有时又会变成暗红色。这又是为什么呢？

原来，红细胞在血液中的主要功能是运输氧气和二氧化碳。红细胞和氧结合的时候是鲜红色的，而和二氧化碳结合的时候是暗红色的。所以，血液从肺脏流过，装上氧气以后是鲜红色的，而从全身其他器官流过以后，由于放掉了氧气，装上了二氧化碳，又变成暗红色的了。

血型的秘密

人类的血型有O型、A型、B型和AB型四种，但是，人类是在付出了沉重的代价后才知道这一点的。

90多年前，当第一次世界大战正激烈地进行时，每天有许多伤员因流血过多而死去，医生们试图让伤员接受输血。奇怪的事发生了：有的伤员被输血后伤势好转，有的却恶心、呕吐、休克，甚至很快地死去。这引起了捷克战地医生杨斯基的注意。战争结束后，他向这个神秘的领域进军。不久，他和奥地利医生兰德泰纳两人各自独立地发现了人类有O型、A型、B型和AB型四种血型。只有血型相同的人，才可以相互输血，否则就会死亡。这个重大的发现，挽救了成千上万人的生命。

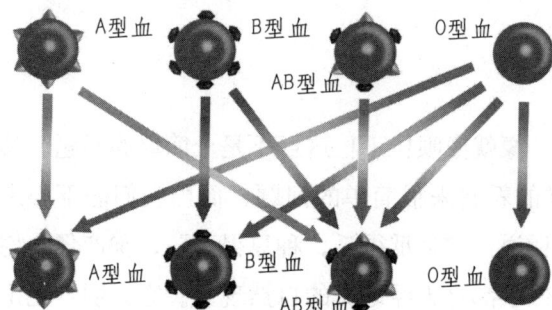

▲ 血型相容示意图

到了20世纪50年代，科学家们又发现了白血球也有血型，而且多达100多种。只有白血球血型相同的人才能相互移植体内器官，如果白血球血型不同，器官移植后就会受到接受移植的人体的抵抗，器官随之坏死。白血球血型的发现，使人体器官移植成为可能。

随着现代生物学的发展，科学家们终于揭开了血型的秘密：红血球和白血球细胞外面都有特殊的糖蛋白。血型不同的人，糖蛋白结构也不同。红血球存在着四种血型是由于在血球内有着四种不同的糖蛋白。所以不同血型的红血球相遇后就会"打架"，拼个你死我活。这就是血型不同的人不能相互输血的原因。

为什么剪指甲时不会感到疼

假如每次剪指甲时，人们都会感觉疼，那么我们每个人都不会再剪指甲，而要把指甲留得长长的了。但是，我们知道，在剪指甲时一点儿都感觉不到疼，这是为什么呢？

原来，这是因为指甲是皮肤里长出来的特殊东西，是由死亡的细胞组合在一起的，这样，指甲本身就没有什么知觉，所以，每次剪指甲时都不会感觉到疼。虽然剪指甲不疼，但我们也要很好

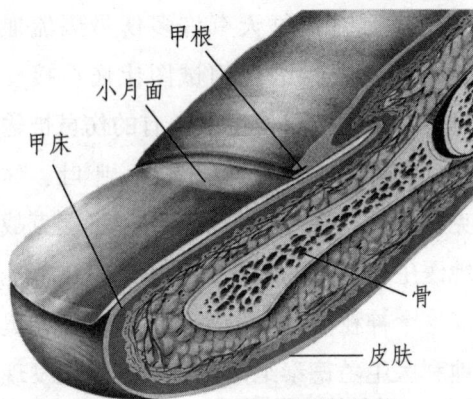

▲ 指甲的结构

地保护指甲，不要烧伤、烫伤它，不然，指甲就不会再长出来。在保护指甲的同时，我们还要讲卫生，不要让指甲里存有东西，不然就会产生细菌的。

子女为什么像父母

子女为什么像父母？有人会说，像就像呗！不！这可不是个简单的问题。其实在日常生活中，有很多这样那样的看起来很简单的问题，而当我们静下心来问个为什么时，却又很难回答。俗话说："种瓜得瓜，种豆得豆"，狗产仔，均为小狗；猫产仔，均为小猫，这些似乎都是天经地义的自然现象。它说明：无论哪一种生物都将通过自己的生殖方式繁衍后代。生物的上一代究竟通过什么将自

▲ 父亲与孩子

▲ 人体DNA螺旋结构

己的一切传递给了下一代呢？科学家们为此进行了大量的研究，现在终于弄清楚，上一代与下一代之间得到延续的关键是一种叫做脱氧核糖核酸的物质——DNA。为什么子女像他们的父母，就是因为子女的体内含有从他们父母那里获得的全套的遗传信息物质——DNA。

人体自燃之谜

人体自燃是指人体没有和外部火焰接触，自发燃烧，化为灰烬，而周围一切可燃性物品都保持原样的现象。有关这种现象最早的报道是1673年意大利的一份医学资料。据报道，一位名叫帕里西安的人躺在草垫床上化为灰烬，只剩下几块骨头，奇怪的是，他躺的床却完好无损。近50多年来，人体自燃现象屡见不鲜。比较近的一次发生在1985年5月25日的英国首都伦敦，那天晚上，19岁的列斯里在街上散步。突

神秘的自燃事件

1950年10月的一天，在英国伦敦街头有一对正在热恋中的青年男女并肩而行。突然，在女青年的胸前和背部喷发出熊熊火焰，把她的头发和脸部烧焦了，最终导致了她的死亡，可与她并肩而行的青年男子却没有被烧死。

1951年7月，在美国佛罗里达州的圣彼得堡，一位肥胖的老妇人坐在软椅上，突然人体自燃，立即化为灰烬，地面上只剩下几个烧得变了形的发卡、几小块椎骨、一个已缩成棒球大小的头骨和一只完好无缺的左脚。而在这老人边上的报纸和亚麻布却完好无损。

1966年12月，在美国宾夕法尼亚州波特城，一位老人正在自己家里的推车上坐着，突然自燃，整个人体除半条腿外，全部化为灰烬，可老人所坐推车支架下的胶垫却完好无损。人们发现，在人体自燃的时候，往往周围的易燃物却完好无损。按照一般常识，将人体化为灰烬需要相当高的温度，绝对足以点燃周围的易燃物，可事实上却并非如此。这实在让人难以理解。

然他感到周身发热，身上竟喷出火来，他的胸、背、腕都像被烙铁烫着那么疼痛，大脑有煮沸的感觉。他走了几步就摔倒了，身上的火焰意外地一下子熄灭了。最后在医院的及时治疗与护理下，终于死里逃生。

多年以来，科学家们提出多种假设，来解释人体自燃现象。一种观点认为，人体自燃与体内的可燃性脂肪有关，并把它比喻为燃烧的烛油。然而从对200个案例的调查中发现它与人的性别、年龄、胖瘦、嗜好等无关。另一种观点认为人体内有某种天然的"电流体"，它能导致体内可燃性物质燃烧，并造成其结构的"体内分解"。此外，还有人认为是由于人体内磷积累过多，产生了"发光的火焰"。最新说法是：人体内可能存在一种比原子还小的"燃料粒子"，可以引起燃烧。上述各种观点都是假说而已，尚需进一步验证。

人体发光之谜

20世纪40年代，前苏联科学家基利安夫妇在一次电学实验中，出乎意料地发现了一个十分奇特的现象：在置于高频电场中的生物周围，会闪动着色彩绚丽的光环和光点，而当生物体死亡后，这种光环和光点也随着消失。 他们夫妇用这种方法对人体进行了专门研究，惊奇地发现人体的各部位发出的光有不同的颜色：手臂是蓝色的、心脏是深蓝的、而臀部是浓绿色的。更有趣的是，人体某些部位发出的光非常强，恰好与古代中国人发现的700多个穴位相对应。在拍摄饮用烈性酒人的手指时，他们发现，随着不断饮酒，饮酒人的手周围的光晕会变得越来越亮，颜色逐渐接近玫瑰色。而当饮酒人喝醉时，手指头所发的光就会变得模糊，并失去正常色彩。

20世纪70年代末，有个名叫克拉索娃的妇女能用手指尖"认字"。不少科学家对此表示怀疑，认为她可能偷看。为了证实克拉索娃的本领是否真实，科学家们采用了基利安的发光摄影法，结果发现，克拉索娃"认字"后，手指上的光晕明显减弱。这说明她消耗了能量，从而证明手认字确有可能。

神秘的人体发光之谜吸引了众多的科学家，但他们始终没能做出令人满意的解释。有人认为在人体周围存在能量环，发光现象反映了能量的分布状况；也有人认为，人体发光现象与带电微粒子的运动有关；还有人认为人体发光现象是一种生命力的象征，也许涉及某种人类尚不知道的能量和未知的辐射。

令人惊奇的是，这种发光现象不光是人体，动物、植物以及一切生物都存在这种现象。由于生物发光现象如此神奇，以致有人甚至抛开科学，企图从宗教迷信中寻找答案，这当然是没有出路的。科学家们深信，随着现代科学的发展、实验手段的完善，不久的将来一定会揭开人体发光之谜，让它造福于人类。

为什么人走路时胳膊前后摆动

在很早很早以前，人类的祖先猿人不是像现在的人这样走路，而是四肢全部着地，像猩猩一样爬着走路的。后来，类人猿站起来了，利用前肢做事，后肢走路。这样，它们就不再爬行了。两条前肢变成了现在我们的两只胳膊，两条后肢就是我们现在的两条腿。那么，两条腿走路，两只胳膊为什么总是摆来摆去呢？其实这也是祖先留给我们的老习惯，迈左腿，向前摆右胳膊；迈右腿，向前摆左胳膊。这样走起路来人们才感到轻松、舒服，避免身体左右摇晃，还可以保持我们身体的平衡。所以，人们在走路的时候，两只胳膊总是一前一后地摆来摆去。

俾格米人变矮之谜

在非洲的莽莽林海之中，生活着一支鲜为人知的特殊人种——俾格米人。

在很久以前，俾格米人就生活在非洲中部，是史前桑加文化的继承人。班图人的扩散，迫使俾格米人退入中非的热带森林中，这些地区现在由民主刚果等国家管理。正是由于这样的历史原因，俾格米人丢掉了自己的语言。

俾格米人的生活

俾格米人生活在原始社会状态中，氏族是他们的社会组织形式，七八户组成一个集体，没有私有观念。他们以采集和狩猎为生。男人们个个都是优秀的狩猎能手，在9米开外，能认出一只黄蜂的雄雌和种类。他们虽身材短小，但灵巧敏捷，用猎网、长矛、毒箭等武器，可以捕获大象、猴子等动物。采集的工作主要由妇女承担。她们采集的各种可食植物及白蚁、果蜜、毛虫、蜗牛等，是日常的主要食物。俾格米人不会取火，因此妇女们最重要的一项任务是保存火种。她们将草或树叶铺盖在用树枝搭成的架子上，作为她们的居室，火种就保存在这里面。树叶和草也是她们用来制作衣服的材料。

到现代，俾格米人仍不愿意离开他们热爱和依靠的大森林，他们的许多动人的传说故事和虔诚的自然崇拜都是在大森林中创造和获得的。多少年来，俾格米人的身材矮小在人们的心中一直是一个带有神秘色彩的问号，他们的友邻班图人却以平均身高1.80米屹立于世界民族之林。一高一矮形成了明显的对比，很多专家和学者也都在努力研究寻找正确的答案。

经过科学人员和专家们不断的研究和探索，终于揭开了俾格米人矮小之谜。研究人员发现，俾格米人体内的胰岛素生长基因只是正常人的2/3，因此导致了他们内分泌的失调。其次，长期的森林狩猎生活，使他们形成了一种适合森林活动的特有的短小身材，他们能在森林之中穿梭自如，如同没有任何障碍一样。

男子身高之谜

美国的一些研究人员认为，一般的，高个儿童的智商要高些。受"高比矮好"观念的影响，不少人都在寻求长高的方法。英美等国现在已经出现"催高服务所"，方法是每周给矮个人注射生长激素3～4次。

18世纪的英国医生约翰·亨特，发现了由脑垂体分泌的生长激素，并且知道，它的多与少直接影响到人的高矮。生长激素是怎样促进人体长高的呢？美国的两位诺贝尔奖金获得者研究后发现，生长激素对骨骼并无直接作用，它先作用于肝脏等组织，并在营养充足的情况下产生生长因子，再通过生长因子来促进生长。要是儿童有了肝病、肾病或营养不良，由于生长因子的产量不足，人就长不高。

相对来说，男子的身材要比女子高。这是为什么呢？医学家认为，下肢骨的发育是男女身高差异的重要因素。女子在18岁左右下肢骨就不再增长，男子则可延续到23岁左右才终止。因为这个原因，男子在总体上才高于女子。

长个子也有秘密吗

长个子与脑垂体分泌激素有很大关系。脑垂体分泌的激素过多，人就会长成巨人；分泌过少，就长成了侏儒。只有在它正常分泌的情况下，人才能正常长个。脑垂体分泌的多种激素，还影响着其他激素的分泌。

它首先影响甲状腺激素。甲状腺激素能促进新陈代谢，促进骨骼的发育；生殖器官的发育成熟也靠甲状腺激素。如果甲状腺激素分泌不足，人就长不大，性功能也不成熟。肾上腺能分泌助人长高的雄性激素。性腺对男女在青春期长个影响极大，在13～18周岁的年龄段，人每年可长高6～10厘米。

当然，人是不能一直长下去的。成年后，人身体的各种器官趋于成熟，就停止长个了。

人长高是由什么因素决定的呢？科学家认为：人的身高，75%由遗传因素决定。父母身材高的，子女身材也高；父母个子矮的，子女个子也矮。在遗传基因Y上面的异质染色质决定了男子的高度，异质染色质较长的人平均身高在172.5厘米，异质染色质较短的人平均身高在169.3厘米。这是日本学者对412名男大学生采血后化验的结果。另外，由于地理、气候、日照时间、土壤元素和食品种类的不同，身高的地域性差别也是存在的。

气候对身高影响也很大。居住在热带的人成熟较早，生长停滞期也早，个子长不太高。生活在温带地区的人，如果移居到热带，个子也长不高；如果迁移到寒带，个子便会逐渐长高。

食物的营养也影响长个。每天能摄入25克蛋白质的人，身材相对要高大些；摄入蛋白质少于15克的人，或以素食为主的人，身材就会显得矮小些。

城乡差别也影响身高。城市由于食品供应足，生活条件较好，因此男女身高要比农村男女身高约高3~4厘米。

影响人长个子的因素还有许多。远缘婚配，可以使子女个子长得高些。生活安定幸福，也可以使子女长得高些；反之，自小受虐待，心理受挫折，或者父母离异，孩子内分泌失调，就会影响发育。从孩子健康成长方面来讲，夫妻动不动反目闹离婚，也会影响下一代成长。

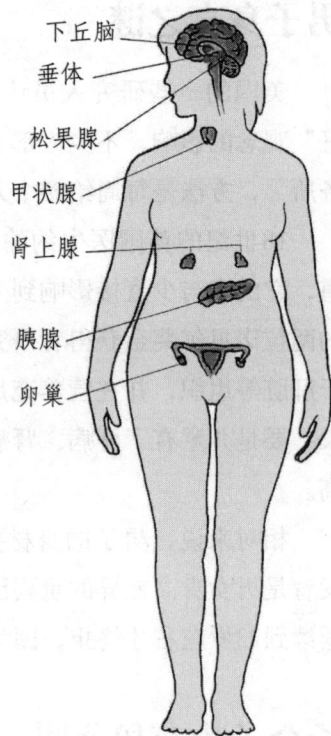

▲ 女性内分泌系统

下丘脑
垂体
松果腺
甲状腺
肾上腺
胰腺
卵巢

究竟是什么影响着身高

日本的一些科学家通过研究，对男子的身材高矮提出了新的见解。

人的第23对染色体为性染色体。若是女的，这对染色体为XX；若是男的，则为XY。日本的学者发现，正是Y上面的异质染色质决定了男子的身高。

根据对412名男大学生的采血观察，发现异质染色质较长的人，平均身高为172.5厘米，而异质染色质较短的人，平均身高只有169.3厘米。所以他们认为：异质染色质的长短与高矮密切相关。

但是，异质染色质为什么会有长短之别？如果是遗传决定身高，又如何解释"代代高"的现象？对此，尚未见到进一步的报告。

我们的身体蕴藏着无数的谜团，身材高矮也是"未解之谜"中的一项。

动物奥秘

动物是生物的一个主要类群，称为动物界。它们能对环境迅速作出反应并移动，捕食其他生物。通过不断地演化，动物也经历了从单细胞到多细胞，从水生到陆生，从简单到复杂的进化过程。

恐龙灭绝之谜

恐龙曾经是地球的主人，恐龙的灭绝是一个悬而未决的千古之谜。有人认为这是由于地球气候变冷所致，有人则认为和流星撞击地球有关。但迄今为止，这些都还仅仅是一些猜测而已。1977年，美国地质学家阿尔瓦雷兹等人提出了导致恐龙灭绝的天体碰撞说。这一假说认为：在7000万年前的白垩纪晚期，宇宙间有一颗直径7千米~10千米的小行星与地球相撞，引起生物大绝灭。作为事件罪魁祸首的小行星，估计其重量在1000亿吨以上，它在靠近地球时的运行速度是每秒20千米。当它驶进地球轨道时，在地球引力的作用下冲向地球，几秒钟就进入大气层，与地球相撞。

▲ 霸王龙

由于小行星和地球相撞所产生的巨大能量相当于50亿个原子弹；同时，由于大爆炸的发生，相当于小行星自身质量100倍的尘埃被抛向大气层中，密集的粉尘弥漫在天空中，遮住了射向地球的阳光，从而把白天变成了黑夜，时间长达3~5年，致使地面因接受不到阳光而骤然变冷，植物因为不能进行正常的光合作用而枯萎、死亡，自然界的生态环境遭到破坏，在令人恐怖的漫漫长夜里，大批的恐龙接二连三倒毙……

这一可怕的历史是否真的发生过呢？一些持肯定意见的科学家列举了1981年墨西哥尤卡坦半岛发现的小行星撞击坑作为证据，这一撞击坑位于地下1000米处，直径达60千米。但持不同意见者同样提出难以辩驳的理由：和恐龙生活在同一时代的鳄鱼为什么并没有灭绝呢？因此，恐龙灭绝之谜的揭开还有待时日。

▼ 梁龙

大王乌贼究竟有多大

大王乌贼究竟有多大？到现在为止，还没有人能说得出。有人从一只抹香鲸的肚里取出一只大王乌贼，它从触手的末端到身体的尾部足有20米长；另外，人们在新西兰海岸曾发现一只已经死去的大王乌贼，它的长度为18米，除去触手的长度，仅躯体就有2.4米多。因此，现代的一些科学研究工作者推测，最大的大王乌贼可能达到约21.5米，重约2吨，再大就不可能了。

100多年来，许多科学研究工作者为寻找和捕捉大王乌贼绞尽脑汁，付出了很大的代价，作了许多种尝试，但最终一无所获。

在南美洲大陆附近的大洋里，经常有大王乌贼出没，但它们个体较小，大约3米左右，重约150千克。它们常常冲入鱼群中，因此常常落入渔民的网中。美国好莱坞的一个摄影组曾来到智利的海边，想拍摄大王乌贼的镜头，他们让摄影师躲进防鲨的铁笼中，然后将铁笼放入水中，以备拍摄。但是，这种铁笼子对鲨鱼有

▲ 大王乌贼

效，而对长角手的大王乌贼就没有捕捉效力了。因此，这个拍摄大王乌贼的计划没有成功。

现在，还有的学者提出用抹香鲸来寻找大王乌贼的踪迹，因为抹香鲸能吞食大王乌贼，这一方式是否能够帮助揭开大王乌贼之谜，还有待于科学家们继续努力。

小比目鱼制服大鲨鱼的奥秘

在海洋生物中，鲨鱼是以凶猛、残忍而著称的，但是，它却被小小的比目鱼制服了。

原来，比目鱼能排泄一种乳白色的液体，此物质毒性极其强烈。这种液体的体积在水中可以扩散到很大范围，能毒死海星等小的海洋生物，但对人体没有什么损害。

科学家曾把毒液加到鱼饵(ěr)里，然后绑在其他小鱼身上。每当鲨鱼要吞食带有毒饵的小鱼时，鲨鱼的嘴就变得僵硬而不能合拢了，鲨鱼不得不仓皇逃走。几分钟后，鲨鱼的嘴又恢复了常态。如果再贪食带毒饵的小鱼，便又会中毒，小小的比目鱼就是这样制服大鲨鱼的。经研究，生物学家发现了这毒液能使鲨鱼口部肌肉麻木而瘫痪的原理。目前生物学家们正在根据这一原理研究人工合成比目鱼毒液，进而制成"防鲨灵"软膏，涂在游泳者的身上，以免受鲨鱼的伤害。

螃蟹横行的奥秘

螃蟹的模样很怪：背上有个近似圆形的甲壳，就像坚硬的盔甲；10只铁爪似的长脚中，有一对钳子似的大螯，使人望而生畏。因为它全副武装，横冲直撞，威风凛凛，所以人们便称它"横行将军"。那么，螃蟹为什么横行呢？

原来，这是由它奇特的身体构造决定的。螃蟹的头部和胸部在外表上无法区分，因而就叫头胸部。这种动物的10只脚就长在身体两侧。第一对螯足，既是掘洞的工具，又是防御和进攻的武器。其余4对是用来步行的，叫作步足。每只脚都由7节组成，关节只能上下活动。大多数蟹头胸部的宽度大于长度，因而爬行时只能一侧步足弯曲，用指尖抓住地面，另一侧步足向外伸展，当指尖够到远处地面时便开始收缩，而原先弯曲的一侧步足马上伸直了，把身体推向相反的一侧。由于这几对步足的长度是不同的，螃蟹实际上是向侧前方运动的。

据研究，螃蟹并非一贯横行，它们的祖先与其他动物一样，也是朝前退后、规规矩矩走路的。那时候，它们的头部有触觉，可以像指南针一样，用来确定方向，以便前后运动。可是后来地磁场发生变化，触角失去了定向作用。为了求得生存，它们便改变行走方式，从前后运动变成了横向运动。然而，也不是所有的螃蟹都只能横行。比如，成群生活在沙滩上的长腕和尚蟹，身体较窄，四对步足可以前伸，因而运动时往往向前奔走，而不是横行。生活在海藻丛中的许多蜘蛛蟹，也是例外。它的身体长大于宽，能在海藻上垂直攀爬。

绚丽多彩的蝴蝶翅膀

你知道蝴蝶的翅膀为什么会这么美丽漂亮吗？蝴蝶翅膀上鲜艳美观的色彩，完全来自极为细小的粉状鳞片。所谓粉状鳞片，并不是浮在翅膀上的细粉，而是从翅膜上生出来的一种体毛的变形，因为它的形状同鱼鳞相似而得此名。每一片鳞片上含有多种

颜色素颗颜色的颗粒。五颜六色的颗粒组合到一起，就构成了蝴蝶翅膀上丰富多彩的图案。

在蝴蝶翅膀的鳞片表面上，生有上千条的横行脊纹。这种脊纹越多，越能闪烁出一种特殊化学色素颗粒，颜色极为艳丽。

在蝴蝶翅膀的鳞片上，另有一种物理色。这种颜色是由于鳞片表面的特殊构造，使照射在它表面上的光线发生反射等现象，产生一种闪耀的绚丽色彩。这种物理色不会因化学作用的影响而改变，它是鳞片上的永久性颜色，而且这种物理色会由于光线投射角度的不同，产生不同的光芒。物理色配合化学色彩，使蝴蝶翅膀上的颜色和斑纹更为美丽醒目。

蝴蝶翅膀上的粉状鳞片含有大量脂肪，所以，蝴蝶身上等于穿了一件防水的彩色"雨衣"。如果翅膀上的粉状鳞片脱落，下雨天被淋湿的蝴蝶就不能飞翔。

苍蝇不会感染疾病的奥秘

据测定，在一只苍蝇的身上，通常带有60多种病菌，计有1700万个，有的甚至可达5亿。苍蝇体外还带有细菌寄生卵，是苍蝇体内携带病菌的800多倍。苍蝇能传播伤寒、痢疾、霍乱、肠炎、结核等30多种疾病，是人体健康的大敌。但令人奇怪的是，苍蝇自身不会被这些病菌所感染。

为什么苍蝇不会感染疾病呢？因为它有奇妙的防病绝招。苍蝇吃了带有多种病菌的食物以后，能在消化道内进行快速处理，迅速摄取有营养价值的食物，并把无用的糟粕、废物及病菌等，

以最快的速度排出体外，这个过程一般只需7~11秒。因此，细菌进入苍蝇体内刚要繁衍子孙，就被苍蝇以迅雷不及掩耳的速度排出体外。

那么，当苍蝇一旦遇到了具有快速繁殖特性的细菌时，又该怎么办呢？这时也无妨碍。苍蝇的免疫系统会释放出BF64、BD2蛋白。这两种蛋白会快速围攻病菌，并将它们歼灭。据科学家测定，这些抗菌蛋白只需要万分之一的浓度，就可以杀死多种病菌，其杀菌的能力比青霉素要强千百倍。许多对人体有害的难以杀灭的细菌，在苍蝇的消化道内，也只能活五六天，就会被抗菌蛋白彻底地灭杀。

动物中的"数学家"

科学家发现，许多动物都具有令人惊叹的"数学天赋"。这儿就略举数例。

蜜蜂，它的每一个蜂房都是规则的六角柱状体。蜂房的一端是平整的六角形开口，另一端则是由三个相同的菱形组成的底盘。这个底盘的所有钝角为109°28′，而所有锐角都是70°32′——如此精确的"建筑"，没有

▲ 蜂房

一个聪明的"数学头脑"能建成吗？

丹顶鹤，它的"数学才能"更绝。丹顶鹤总是成群结队地在空中排成"人"字飞行。这个"人"字的角度永远保持在110°——不信，你可

▲ 丹顶鹤

以用量角器照着相片量一量。

珊瑚虫，每年都在自己的体壁上刻画出365条环形纹路，刚好是每天一条！

蚂蚁，它也是个"小数学家"。每次出洞去搬运食物时，大蚂蚁与小蚂蚁的数量之比总是1∶10。每隔10只小蚂蚁，便有一只大蚂蚁夹在其中，绝没有"越位"的。

始祖鸟的奥秘

从鸟类的演化史看，当今正是鸟的繁荣昌盛期，其数目之多，要以千百万计。而鸟类的化石记录，却少得可怜，以数十计而已。这是由于鸟类在空中生活，死亡以后很少有机会迅速被埋藏的缘故。所以，一片羽毛化石都会引起古生物学家的无限兴趣。

▲ 始祖鸟

▲ 始祖鸟化石

可是最早的鸟类化石，不仅保存完美，而且迄今已发现了6个个体。这些鸟化石，即始祖鸟，出现于晚侏(zhū)罗纪时期，距今1亿多年了。它被发现于德国巴伐利亚州的索伦霍芬附近的石灰岩中。当时，这里是一个热带浅水珊瑚礁泻湖，偶然的机会，始祖鸟跌落在水中，保存为化石。由于这里的石灰岩质地致密细腻，适于石印用材，因此成为一个采石坑。第一个标本在1861年于坑深20米处采到。它骨架完全，羽毛秀丽，形象逼真，前翼有爪的残留，尾椎骨很长，嘴内长有牙齿，因此显示了爬行类向鸟类进化的过渡性质，成为生物进化史的难得实例。可是始祖鸟的飞行能力很差，大概与现代的鸡、鸭差不多。

啄木鸟的奥秘

啄木鸟发现树木有虫时，就啄破树木，以细长、能伸缩自如、前端倒生短钩并带有黏性涎沫的舌探入树内，钩出害虫，将其吞食。当捕捉树干深处的害虫时，它的头和树干几乎呈90°，一啄一凿，笃(dǔ)、笃、笃……从早到晚不停地敲击。如果在繁殖季节，它敲得更起劲，甚至还用击木声"对

歌"以争夺领域。

据调查，啄木鸟一天可发出500～600多次啄木声，每啄一次的速度达到每秒555米，比空气中的音速要快1.4倍；而头部摇动的速度更快，每小时约2080千米，比子弹出膛时速度快1倍多。啄木时，它头部所受的冲击力等于所受重力的1000倍。一辆时速50千

米的汽车撞在一堵墙上时，受到的冲击力仅为所受重力的10倍，但车头及砖墙被撞得粉身碎骨。而啄木鸟啄木时头部受到如此大的冲击力，为什么它们还能安然无恙呢？

科学家解剖了啄木鸟的头部，发现其秘密在于它头部有一套严密的防震装置。啄木鸟的头颅非常坚硬，但骨质却似海绵，疏松而充满气体；颅壳内有一层坚韧的外脑膜，外脑膜与脑髓间，有一狭窄的空隙，可减弱震波的流体传动。从头部的横切面显示，它的脑组织十分致密。再加上啄木鸟头部两侧还有强有力的肌肉系统，也起着防震作用。这样，啄木鸟啄树时就不会发生脑震荡了。

鱼儿为什么要发声

我们知道，鱼类也有自己的"声音语言"。不同的鱼能发出各种不同的声音，就是同一种鱼，在不同的情况下发出的声音也不尽相同。鱼类的声音是从哪儿发出的呢？它有喉头声带吗？没有。原来大多数能发声的鱼，主要靠体内的鳔。鱼鳔是一个充满气体的膜质囊。它靠一些纤细而延伸着的肌肉与脊椎骨相连。这些延伸着的肌肉，具有与琴弦相似的作用。它的收缩能引起鳔壁和鳔内气体的振动，从而发出声音。如黄花鱼就是这样发声的。有些鱼不是用鳔而是用喉齿摩擦或咬碎贝壳发声，如鲀(tún)、鳎、鲷(diāo)等鱼。也有的鱼是用背鳍或臀鳍的刺振动和利用胸鳍基部关节面的摩擦发出刺耳的声音。如黄颡鱼等。还有不少鱼是利用呼吸时鳃盖的振动或肛门的排气而发出声音。鱼儿为什么要发声呢？经研究表明，有的鱼发声是为了躲避或恐吓敌害；有的鱼在产卵期发出很响的叫声，目的是为了吸引异性；有的鱼发出的声音是联络的信号，示意发现食物和进行集体活动；深海鱼类的发声，则起到回声探测方位的作用；还有的则是由于变化了的外界环境不适合它们的生活条件而造成的。

海鱼肉为何不咸

大家知道，海水既咸又苦，是海水中含盐的缘故。据测定，海水中含盐量大约是35‰。海水中含盐这样多，鱼要喝海水，盐分要向鱼体内渗透，可为什么海鱼

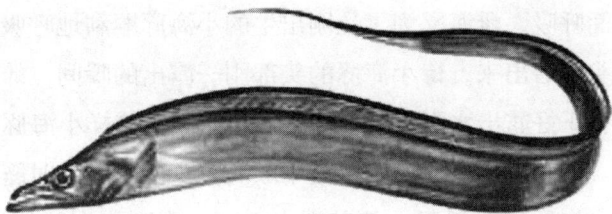

▲ 带鱼

的肉却不是咸的呢？这恐怕是很多人感兴趣却又回答不了的问题。

原来，生活在海水中的鱼，可以分为硬骨鱼和软骨鱼两大类。硬骨鱼的鳃内有一类功能特殊的细胞叫泌盐细胞。顾名思义，泌盐细胞能分泌出盐分。它们能够吸收血液里的盐分，经过浓缩将盐随黏液一起排出鱼体外。由于这些泌盐细胞高效率的工作，使海鱼体内始终保持着低盐分。

软骨鱼保持体内低盐分则另有一套本领。它们的血液中含有高浓度尿素，使血液浓度比海水浓度高，维持着鱼体内的高渗压，减少盐分的渗入，加速渗入的盐分由肾脏排出。

这样，虽然海水是咸的，却不能把生活其中的海鱼的肉"腌"咸。

海豚会救人吗

海豚是海洋中聪明、善良、神奇、极富情趣而且对人类十分友好的海洋哺乳动物。它很早就和人类结下了不解之缘，并且为人类做过不少好事，其中尤以在海洋中救援遇难的人，更使人们感动。人们亲切地称海豚为"海上救生员"。

海豚救人是有意识的吗？当然不是。科学家对海豚的生活习性进行了仔细观察后，基本上揭开了这

个谜。

海豚是哺乳动物，是用肺呼吸的，因而它在水里游一阵以后，就必须浮出水面呼吸。雌海豚为了让刚出生的小海豚顺利地呼吸第一口空气，总是让小海豚的头最后出来。待小海豚的头部刚一露出的瞬间，雌海豚将身体往上一翘，使小海豚正好露出水面，呼吸到第一口空气。这样小海豚再沉下水，就不会淹死了。

有时小海豚的出生会不顺利，头部不能及时露出水面，这时海豚就用吻部把小海豚轻轻托起，使其露出水面，直到小海豚能自己呼吸为止。久而久之，海豚就养成了一种习惯，凡是停留在水面不太动的物体，如木头、气垫甚至快要死的鲨鱼，它都用吻部去推，或用牙齿轻轻去咬。要是有人落水，或是有海豚受了伤，它们也会这样做的。实际上，这是海豚的一种本能。

植物奥秘

植物也是生物界中的一大类，能进行光合作用是植物的最大特点。据计算，全世界的绿色植物每天可以通过光合作用产生约4亿吨的蛋白质、碳水化合物和脂肪，还能向空气中释放出近5亿吨的氧。

植物的性别

人有男女之分，动物有雌雄之别。可是植物却不一样，绝大部分植物都是雌雄一体，就是一株植物体上既有雄性的器官，又有雌性的器官。花里的雄蕊和雌蕊就是显花植物的繁殖器官。根据它们的着生部位，显花植物可以分为三大类：一是雌雄同花，如小麦、水稻、油菜等；二是雌雄同株异花，如玉米、黄瓜等；三是雌雄异株，如银杏、杨柳、开心果树等。第三类植物的雄花和雌花分别长在不同的植株上，因此是有性别的。银杏树就是这样，

▲ 银杏

雌树开雌花，里面长着雌蕊；雄树开雄花，里面长着雄蕊。雌树结果，雄树不结果。如果只有一株银杏树，那就不能传粉，也就无法结出果实和种子来。既然植物有性别，那么植物是否有变性现象呢？植物学家经过观察和研究，发现了一种典型的变性植物。这种植物名叫印度天南星，是一种喜湿的多年生草本植物，在温带、亚热带地区均有分布，常生活在潮湿的树阴下或小溪旁。这种植物不但会变性，甚至一生还能变几次。例如雌株，它的体型高大健壮，营养物质丰富，但开花结果以后，由于大量的消耗，第二年便变为小体型的雄株。当它养精蓄锐，体力得到恢复后，便又变为雌株，承担起繁殖后代的重任。那些既不是雄株，又未能变为雌株的过渡株，就只好暂居中性了。

▲ 玉米

植物也会胎生吗

　　猪、牛、马、兔等哺乳动物以及人类是依靠怀胎来繁殖后代的。你知道吗？植物竟也有"胎生"的。

　　在我国广东、海南、福建和台湾沿海地区有一种奇特的红树林，它们就依靠"胎生"来繁殖后代。身居海滩的红树植物，种子成熟后如果马上脱落，就会坠入海中，被无情的海浪冲去。它们在与大自然长期斗争中，获得了一套适应海滩生活的本领。它们的种子成熟之

▲ 红树林

后，不经休眠，直接在树上的果实里发芽。在红树的枝条上，常常可以看到一条条绿色的小"木棒"悬挂着，这就是它的绿色"胎儿"。

　　当绿色的"胎儿"从母树体内吸取营养长到了30厘米时，就通过"分娩"脱离母体了。由于重力的作用，一个个幼小的"胎儿"从母树上扑通扑通地往海滩上跳，很快地掉入海滩的淤泥之中，于是，年轻的幼苗有了立足之地，成了独立生活的小红树。

　　如果幼小"胎儿"从树上往下跳时正逢涨潮之际，它们就会随波逐流浮向别处。一旦海水退去，它们就很快扎根于海滩，向上生长，长成小红树。红树植物凭借着特殊的"胎生"方式，使它们的子孙后代遍布热带海域。

　　"胎生"植物除了红树以外，还有纤毛隐棒花、红海榄、红茄冬、秋茄树、桐花树、佛手瓜和胎生早熟禾等植物。

植物生"肿瘤"

人类与动物都会生肿瘤，那么植物也会生肿瘤吗？

是的，如果你留心观察就会发现，一些树龄较大的树的身上，有一个个颜色很淡的突起物，这就是植物的"肿瘤"。

这种"肿瘤"是怎么生成的呢？有的植物在病菌、害虫的侵入情况下，一些细胞组织被破坏，细胞无法控制自己的分裂，受到病虫害侵袭的地方就会产生赘瘤。另外，有的植物遇到动物袭击而受伤，有的植物遇到烈日暴晒后开裂受伤，有的植物经不起狂风的摇撼而折断受伤，有的植物在雷电打击下因燃烧而受伤，它们在伤口愈合过程中，细胞会过度地分裂，这些都会产生生理性的赘瘤。

虫害引起"植物肿瘤"的现象也是普遍的。有一种柑橘锈壁虱，会引起许多果木的枝叶、花苞、果柄、果蒂和果实产生瘿瘤。

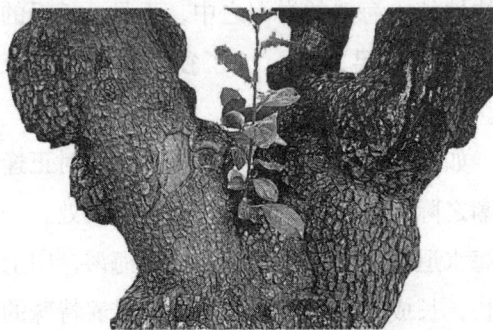

▲ 树瘤

肿瘤对于植物的生长一般是有害的。一旦形成肿瘤，它会影响植物体的正常代谢活动和生长发育，干扰开花结果，严重的还会导致植物死亡。但是有一种根瘤既菟丝子，是由于根瘤菌侵入根的皮层后刺激根组织而形成的，不但无害，反而有益。根瘤菌可以向豆科植物提供氮元素，它与宿主形成共生现象。

植物的防御武器

动物具有各种防御"敌人"进攻的武器。可你听说过植物在鸟、兽、虫和病菌等"敌人"面前，也有防御武器吗？

植物能分泌出有毒的物质，这是常用的化学武器。有一种叫舞毒蛾的森林害虫，曾经在美国东北大肆蔓延，把400万公顷的橡树叶子啃得精光。但是，过了一年，橡树叶子却依然郁郁葱葱，生机盎然，而那儿的舞毒蛾

▲ 橡树叶和果

却一下子销声匿迹了。这是怎么回事呢？原来，橡树叶子遭受舞毒蛾吞食以后，便急剧增加单宁酸。单宁酸与害虫胃里的蛋白质结合后，会使叶子变得很难消化。舞毒蛾吃了后，食欲马上减退，结果不是病死，就是被鸟儿吃掉。

有些植物的化学武器也是抗灾武器。如鼠尾草遇到灾害或缺乏营养时，会放出比平常高几十倍的萜烯化合物，以抑制其他植物的生长，从而使自己得到足够的营养和水分。

有些植物还有一种十分厉害的"杀手锏"，这就是它们的激素武器。许多植物体内含有各种对昆虫有特殊作用的生物化学物质，昆虫吃了以后，会造成发育异常，失去繁殖能力。

为了抵抗病菌、虫、鸟的袭击，植物还会长出各种巧妙的器官作防御武器。成熟的番茄和苹果常用增厚角质层的办法，抵抗各种腐烂病菌的侵袭；小麦叶片的表面会长出一层蜡质，使自己避免锈菌的危害；稻谷成熟了，芒刺会变得更加坚硬，使鸟儿和昆虫都难以下手。

人们常常会问：植物有知觉吗？不然，它们在遭受虫兽侵害后，怎么会立即生产"自卫"的化学武器呢？成片的植物用同一种武器对付害虫，它们之间又是怎样"联络"，共同"约定"的？这些谜，都还有待科学家去探索。

植物的运动

说到运动，人们总认为只有人和动物才能运动。其实，植物也会运动，只不

过运动得不明显，不易被察觉罢了。

植物会进行向光性运动。如果在室内窗前摆几盆花或是刚长出来的小苗，我们便会发现，这些花都向窗外生长。

植物还会向地性运动。例如，根总是向地下生长，这叫正向地性；茎总是向上生长，这叫负向地性。

植物有向化性运动。如果在盆中、花坛中施肥或浇水不均匀，那么肥多的地方根就多，较湿润的地方根也多，这就是根对化学物质的反应。

植物还有感性运动。例如含羞草，只要有人用手一动它的小叶，叶片立刻合拢；如果刺激大些，那么全株的小叶都会合起来，连叶柄都会下垂。

▲ 米兰

植物还有一种感夜运动。如合欢等豆科植物，白天叶子张开，充分接收太阳光进行光合作用，而到了夜晚，叶柄下垂，叶子合拢在一起。这是由于光强度的变化而引起的运动。这种昼开夜合的运动还告诉人们：花卉在健壮地生长。

植物有些运动还与温度有关。如夜来香、晚香玉只在晚上放出香味。米兰只有在太阳光晒到它时才放出香味。光合作用器官——叶绿体有趋光性，气孔昼开夜合等都说明植物在不停地运动着。

▲ 合欢

苔藓为什么能监测环境污染

随着现代工业的发展，向大气中排放的有害物质，特别是有毒气体越来越多。如果不及时处理，就会造成空气污染。有些植物是天然的环境监测能手，能给人类提供准确的信息。

人们在观察中发现，不少植物对于有害气体的反应极为敏感。空气被污染以后，受害轻的植物叶子上面会出现伤斑，绿色稍微变浅；受害重的，叶绿素很快被破坏掉，叶子变黄、枯萎，随之整株植物死去。

在植物当中，苔藓和地衣类植物对空气污染反应最敏感。苔藓植物属于高等植物中比较低等的一类，它们分布的地区很广，只要是阴湿的环境，都可以找到它们。大多数苔藓的构造都很简单，叶片一般是单层细胞，没有保护层，有害气体很容易直接侵入细胞里。只要空气中二氧化硫的浓度超过千万分之五，苔藓的叶子就变成黄色或黑褐色，几十个小时后，有的苔藓植物就干枯死亡了。于是，人们就利用苔藓植物的这一特性，监测环境污染。

卷柏死而复生的奥秘

你听说过有一种能死而复生的植物吗？卷柏就有这种本领。将采到的卷柏存放起来，叶子因干燥而卷缩成拳状，猛一看，似乎已经死了。可是，一旦遇到水分，它又可以"复活"，卷缩的叶子又重新展开。如果把它栽在花盆里，过一段时间又可长出新叶。

卷柏并不大，高不过5～10厘米。主茎短而直立，顶端丛生小枝，地下长有须根，扎入石缝中间，远远看去很像一个个小小的莲座。卷柏为什么具有死而复生的本领呢？

生活在干燥岩石缝里的卷

柏，很难得到充足的水分，因此它们具有体内含水量极低的特点。即使体内的含水量降到5%以下，它们照样可以生活。卷柏遇到干旱的季节，枝条便卷缩成团，不再伸展。雨季一到，卷枝立刻展开，又可继续生长。经科学家研究发现，卷柏细胞的原生质耐干燥，脱水的性能比其他植物强。一般的植物经不起长期干旱，细胞的原生质长期脱水而无法恢复原状，细胞就因此而干死。卷柏则不同于一般植物，干燥时枝条卷缩，体内含水量降低，遇水以后原生质又可恢复正常活动，于是，枝条重新展开，再显出生机勃勃的样子来。

猪笼草捕虫之谜

在我国的云南、广东等南方省份，你可以见到一种绿色小灌木，它的每一片叶子上，都挂着一个长长的"小瓶子"（实为变态的叶），上面还有个小盖子，盖子通常情况下是半开着的。这"小瓶子"的形状很像南方人运猪用的笼子，所以人们给这种灌木取了个名字，叫"猪笼草"。奇妙的就是它这个"小瓶子"，猪笼草的"瓶子"内壁能分泌出又香又甜的蜜汁，贪吃的小昆虫闻到甜味就会爬过去吃蜜。也许就在它吃得正得意的时候，脚下突然一滑，一头栽到了"小瓶子"底上，瓶子上面的盖就自动关上了，而且瓶子里又贮有黏液，昆虫很快被黏液粘得牢牢的，想跑是跑不掉了。于是，猪笼草便得到了一顿"美餐"。

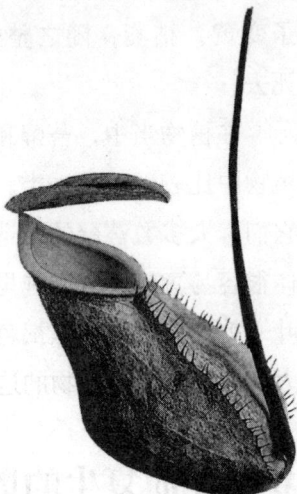

▲ 猪笼草

用瓶状的叶子捕食虫类的植物还有很多，在印度洋中的岛屿上就发现了将近40种。那些奇怪的"瓶子"有的像小酒杯，有的像罐子，还有的大得简直像竹筒，小鸟掉进去也别想飞出来。但是要说构造的精巧、复杂，我国的特产——猪笼草的"瓶子"是要排在第一位的。

▲ 捕蝇草

蕨类植物为何不易生虫

在绿色世界中，有一类植物不开花，不结果，主要靠叶子背面褐色或黄色孢子进行繁殖，这就是蕨类植物。

发生在蕨类植物中的一个奇怪现象，引起了植物学家的注意：许多植物都会遭受虫害，唯独蕨类植物不容易生虫。这究竟是为什么呢？英国的植物学家对这一问题作了研究。原来，蕨类植物的体内能合成一些味道苦涩的有毒物质，如酚类、单宁、硫胺以及昆虫蜕皮激素等。春天，蕨类植物的茎叶鲜嫩，蛋白质等营养物质含量较高，但这时上面这些有毒物质的含量也很高，这就使昆虫大倒胃口，不敢轻易前去品尝。到了夏秋时节，蕨类植物中的有毒物质含量下降了，但这时茎叶已老化，营养价值大为降低。昆虫对它们已不感兴趣了，当然也不会前去噬咬吞食。就这样，蕨类植物巧妙地保护了自己，避免了虫害。

▲ 荚果蕨

▲ 蕨类植物枝叶青翠，姿态奇特，常在庭院、温室或室内栽培，或作盆景，是一类美丽的观赏植物。树蕨、观音座莲、铁线蕨、凤尾蕨等，都是温室中的常客。

铁树开花的奥秘

铁树又称苏铁，是一种美丽的观赏植物，也是一种古老的裸子植物。它树形美观，四季常青。一根主茎拔地而起，四周没有分枝，所有的叶片都集中生长在茎干顶端。铁树叶大而坚挺，形状像传说中的凤凰尾巴。因此，人们又把铁树称为"凤尾蕉"。

铁树一般在夏天开花，它的花有雌花和雄花两种，一株植物上只能开一种花。这两种花的形状大不相同；雄花很大，好像一个巨大的玉米芯，刚开放时呈鲜黄色，成熟后渐渐变成褐色；而雌花却像一个大绒球，最初是灰绿色，以后也会变成褐色。由于铁树的花并不艳丽醒目，而且模样又与众不同，不熟悉的人大多视而不见。这也许是人们觉得铁树开花十分罕见的一个原因。

其实，铁树开花并不稀罕。铁树的老家在热带、亚热带地区，它天生喜热怕冷。在我国云南、广东等地，铁树开花是正常的现象，不足为奇。通常，一株10年以上树龄的铁树，会年年开花。可是，在我国北方情况就不同了。那里冬季寒冷，铁树很难生存，当然开花就更不容易了。

长生草为何会翻身

长生草是一种矮生肉质植物，通常具有多汁的厚叶，有时候长成一大片一大片绿色的"莲座"。它有个奇特的本领，不用动物的帮助，自己就能够翻身。长生草的绿色"莲座"上，会在新茎上长出小"莲座"来，它们有时同"妈妈"并排生长着，有时从叶子中间穿出来，好像小"莲座"坐在母"莲座"上。老小"莲座"在一起生活一段时间后，小"莲座"便自然脱落，同母"莲座"分手了。有时被风吹雨打，有时跟别的东西碰撞，小"莲座"都会滚落到地上。由于根的生长是有向地性的，底部朝下的小"莲座"很容易生根、发芽长成新的幼苗；侧着身子的小

"莲座"，与地面相接触的一部分叶子就会很快生长，起到像甲虫鞘翅那样的作用，使"莲座"转个身，让底部同地面相贴；而底部朝天的小"莲座"则必须翻过身来，它并不因为自己的机遇不好而气馁，而是顽强地长出根来，拼命伸长，并向下寻找地面，一旦如愿以偿，便迅速扎进地下，同时把整个"莲座"拉过去，使它慢慢翻过身来。当然，这个翻身过程不像甲虫翻身那样迅速，而是很慢很慢的。

沙漠植物耐旱的奥秘

一望无际的广阔沙漠，令人望而生畏。干旱似乎带走了一切生机，但是有些植物，却凭借自己独特的生存本领，在荒漠里顽强生存，给沙漠带来了点点绿色。

有一些植物充分利用沙漠中每一滴难得的水，迅速地生根发芽。在撒哈拉大沙漠中，有一种叫齿子草的植物，只要地面稍稍湿润，它

▲ 仙人掌的针状叶

就能快速地生根发芽，直至开花结果，虽然只有1个月的生命，但它毕竟完成了自己的使命，并且一代代地繁殖下去。梭梭树的种子只能活几个小时，但是只要滴水浇灌，只需2～3个钟头，它就能生根发芽了。

还有一些沙漠植物是凭借庞大的

▲ 仙人掌花

根系生存，像非洲沙漠有一种只有一人高的灌木，可是它的根却深入地下15米之多，广泛地吸收深层的地下水分。更有一些植物是以"貌"取胜，它们的茎干矮小又敦实，里面积蓄了不少水，仙人掌的叶子退化为刺；木麻黄的叶子像鳞片般细小；更有趣的是光棍树，小小的叶子长出后很快就脱落了。就这样，它们把蒸发减少到最低限度，在沙漠里顽强地生长，成为黄色沙漠的"绿色勇士"。

舞草跳舞之谜

你喜欢看跳舞吗，你知道在奇妙的植物世界里，也有会"跳舞"的"舞蹈家"吗？在斯里兰卡和印度，有一种被当地人称为"舞草"的草，可以说是植物中的"舞王"。舞草跳舞是叶子在跳动，它的基本舞蹈动作就是画圆圈。这种动作受温度的影响，当外界的温度达到30℃时，叶片跳得最欢，跳的是圆圈"舞"；当气温低于或高于30℃时，就改跳椭圆"舞"了，"舞步"时快时慢，"舞姿"优美，富有节奏，最快一分钟跳一圈；夕阳西下时，舞草小叶就显出有气无力的样子，这时它改跳"蝴蝶舞"，两片叶子做上下摇摆的直线运动，速度越来越慢；到了晚上，小叶还在徐徐舞动，一直到子夜才安静下来。

舞草为什么在白天会自动跳舞呢？原来，指挥它跳舞的不是人，而是一位很特殊的指挥家——太阳。在太阳的"指挥"下，舞草叶柄的叶座细胞内的压力发生了变化，由于细胞间断性的收缩和舒张，导致了小叶的运动。这种"舞蹈"运动不仅有利于抵挡酷热阳光的照射，减少水分的蒸腾，而且也是一种很好的自卫方式，使昆虫和其他动物看到它跳舞时，就不敢侵犯了。因此，舞草的"跳舞"运动对自身的生存具有重要的意义。

会醉人的植物

醉花，在非洲坦桑尼亚的山野中，生长着一种木菊花，它的花瓣味道香甜，人和动物一闻到它的气味，就会昏昏沉沉，用不了多久就会晕倒在地，一连昏睡好几天。

醉草，非洲埃塞俄比亚有一种神奇的野草。它会散发出浓郁的香味，人闻到这种香味便会像喝酒一样，走路跟跟跄跄，东倒西歪。如果在它的旁边待上几分钟，就会醉得连路都走不了。因此，当地人叫它"醉人草"。

醉树，南非有一种叫玛努拉的树，它的果实味美多汁，可以酿酒，非洲大象最喜欢吃这种果子。由于大象胃里的温度很适合酵母菌生长，因此，大象在吃多了这种果子之后，如果再喝一些水，就会大发酒疯。

社会奥秘

　　社会是指由自我繁殖的个体构建而成的，占据一定的空间，具有其独特的文化和风俗习惯，并拥有不同分工的群体。社会一般被认为是人类所特有的，因此研究社会奥秘，可以帮助我们了解过往的人类历史。

黄色与皇帝

古代,黄色常常被视为君权的象征。这起源于古代农业民族的敬土思想。按阴阳学说,黄色在五行中为土,这种土是居宇宙中央的"中央土",故在五行当中,"土为尊"(《礼记·月令》);"黄,中央之正色也"(《诗·绿衣》)。此后这种思想又与儒家大一统思想糅合在了一起,认为以汉族为主体的统一王朝就是这样一个处于"中央上"的帝国,而有别于周边的"四夷",这样"黄色"通过土就与"正统""尊崇"联系起来,为君主的统治提供了"合理性"的论证。再加上古代又有"龙战于野,其血玄黄"的说法

▲ 穿黄色龙袍的光绪皇帝

(《易经》),而君主又以龙为象征,黄色与君主就发生了更为直接的联系。这样,黄色就象征着君权神授,神圣不可侵犯。周代以黄钺为天子权力象征,隋代以后皇帝要穿黄龙袍,黄色成为君主独占的御用颜色。

龙袍的奥秘

中国帝王服装绣织龙的图案,迄今为止已有近三千年历史。早在周代,就出现了龙头朝上的"升龙"和龙头朝下的"降龙"衣服,不过这时是绣在衣上,因而这种衣服不叫龙袍,而称"龙衣"。秦汉以后,帝王平日虽穿的是上下相连的袍衫,可上面并无龙纹,仅用黄色作为标识。直到元明时期,才出现了龙纹。

▲ 龙袍

将"龙袍"作为一种专用名称正式确定下来，并列入冠服制度，是清代的事情。清代龙袍的颜色以明黄为主，袍上绣有金龙和彩云，龙云之间，还分布着"十二章"图纹。按清代礼仪，皇帝的龙袍属于一种"吉服"，只能在一般的庆典活动时穿。遇有重大朝会，皇帝不是穿龙袍，而是穿比龙袍更高一等的朝服。

据史籍记载，当时的龙袍皆绣有9条龙，然实物及图像上往往只能见到8条龙，即胸前、背后各一，前后膝盖处各二，左右两肩各一。看来似缺一条。有人说，这条龙就是皇帝自己。其实，这条龙被绣在一般不易被看见的里襟。之所以如此，是因为皇帝是"九五之尊"，必须绣9条龙，但9又是一个奇数，在服装上很难做到均衡对称，所以将一条龙绣在里襟。这样，每件龙袍的龙纹仍为9条，而在正面或背面看时，所见又都是5条(两肩之龙前后都能看到)与"九五"之数正相符合。

古代帝王为何到泰山封禅

在中国古代，帝王登基称帝以后大都要到泰山去封禅。这是一种大规模的祭祀活动，与古代人们的宗教信仰有着重要的关系。

封禅是指什么呢？按着古人的观念，泰山是五岳之首，上通于天，泰山下的一座小山梁父被认为是下及地府。所谓封禅，就是在泰山上筑土为坛，燔柴（烧柴禾）于坛顶，以祭天，此称为"封"。在泰山下的小山（梁父）上选择一块地方（称为折）瘗埋祭品，称为禅。两者合称为"封禅"。

原始的宗教观主要是对自然界各种事物和现象的崇拜，如日、月、星辰、山川、河流、风雨、雷电等等，都可能成为崇拜的对象。当人类的思维发展到一定阶段后，这种繁杂众多的神祇信仰得到进一步概括和归纳，产生出了天与地的观念。人们把日

▲ 泰山岱庙中的天贶殿一角

天贶殿与北京故宫太和殿、曲阜孔庙大成殿并称为中国三大殿。

▲ 在泰山十八盘上望南天门

月星辰归之于天，山川湖海归之于地，对于天地的信仰于是得以形成。泰山封禅就是这种信仰的一种表现。泰山封禅是建立在帝王的统治"受命于天"这种观念的基础上的。帝王在自己的统治取得一定成绩后，到泰山封禅，意味着向天地之神报告太平并致以谢意，感谢他们使风调雨顺、民生安乐；反过来，在泰山封禅也证明着自己的统治是受命于天的。

传说伏羲氏、神农氏、炎帝、黄帝、颛顼、帝喾、尧、舜、禹、汤、周成王都曾到泰山封禅过。由此推断，大概对天地信仰的起源相当古老。关于封禅泰山还有许多传说，被称为"千古一帝"的秦始皇据说也去过泰山封禅，而且他在归途中避雨的松树也被称为"五大夫松"。

济公为何受人崇拜

看过电视连续剧《济公》的人，总忘不了那个"鞋儿破、帽儿破"，"哪里有不平哪有我"的济公和尚。

在佛教中，济公是一个排不上名次的和尚，但因为传说中他热心为百姓做好事，倒

▲ 杭州灵隐寺内济公塑像

……菩萨更出名。有书记载，济公是宋朝人，家住浙江天台，出家在杭州灵隐寺当和尚，后来住在净慈寺。这位和尚信佛，但不吃素、不念经，又爱管闲事，常常用一些巧妙的办法捉弄、惩办坏人，帮助受委屈的穷苦百姓。后人为了纪念他，在杭州的虎跑泉建了"济颠塔院"。院中塑有济公石像，旁边有四幅浮雕，刻有"济公斗蟋蟀"、"古井运木"、"飞来峰传说"、"疯僧扫寺"四个济公故事。

在北京香山碧云寺的罗汉堂，房梁上也塑有一个蹲着的济公。说来也滑稽，因为在塑像的时候，济公来晚了，没有地方安排他的座位，就让他蹲在房梁上。在苏州戒幢律寺和四川新都宝光寺的罗汉堂，济公像被塑在过道里大概也因为这个原因。苏州有个济公像，脸孔半边哭、半边笑，据说是哭笑不得的意思。

▲ 杭州灵隐寺

有人说，济公既然信佛，怎么又可以饮酒吃肉呢？原来，佛教最早并没有吃素的规矩。《戒律广本》中说，当年佛祖释迦牟尼和他的弟子，每天早晨都要托着钵头，接受信徒们的供养，遇荤吃荤，有素吃素。汉代佛教传入中国，和尚靠募化或施舍过日子，也是有啥吃啥。只是到了南朝，梁武帝萧衍十分信奉佛教，并且提倡吃素，才渐渐成为戒律。

楼兰古城消失之谜

1900年初，一支国外探险队在我国新疆塔克拉玛干地区进行探险考察时，在

▲ 楼兰古墓

　　每个墓都有七排密集的椭圆形木桩环绕，墓与墓之间又有较稀疏而整齐的木桩联结，初步推测可能是古楼兰人的墓地。

人迹罕见的罗布泊地区意外地发现了一座古城遗址，这就是历史上赫赫有名的楼兰古城，它已经在人们的视野中消失了1000多年了。

　　据历史文献资料记载，楼兰曾是一个约有1.4万人口、2000名士兵的国家，是匈奴控制下的一个属国。张骞通西域后，西汉派往西域的使者经过楼兰国时，楼兰曾勾结匈奴予以截杀，并对往来的商贾、牧民等构成极大威胁。后来，西汉将军赵破奴率军进攻楼兰，楼兰兵败降汉。汉朝政府在楼兰国的旧都一带设都护，置军侯，开井渠，屯田集粮，使楼兰国的旧都成为一个军事、经济、交通的重要城邑，是"丝绸之路"上的一个重镇。西汉末年，匈奴势力再起，楼兰国又投向匈奴。直到东汉明帝时期，才由班超率36人使团，斩杀匈奴使者，促使楼兰国王重新归汉。

▲ 楼兰故地鸟瞰

　　2000多年前的古楼兰，作为丝绸之路上的重镇曾发挥过重要作用。由于长期的干燥气候和强劲狂风，最终摧毁了古城。周围的土地也被切割得支离破碎，形成土丘起伏的"雅丹"地貌。

楼兰的经济文化很有特色，是一个农垦中心，普遍使用牛耕，广泛引水灌田；楼兰的手工业技艺发达，古城废墟上雕刻着许多造型奇特的花纹，出土的大批丝、毛、棉、麻织物图案，色泽鲜艳，精美生动，各种金银宝石首饰，镶嵌精细，造型美观；楼兰盛行佛教，佛僧众多，国王信佛。楼兰还是一个融汇东西文化、具有多元文化特征的古城，在其遗址中发现了来自叙利亚和罗马的玻璃器皿，印度、波斯的陶器以及各种货币。

让人难以理解的是，地位如此重要、声名如此显赫的楼兰古城，在公元4世纪之后，就突然消失了，以至于唐代高僧玄奘西行路过此地时，已经是国久空旷，人烟断绝。至于什么原因，则十分神秘难测。

北京猿人化石不翼而飞

1941年初，日本军队发动了太平洋战争，美国驻中国大使馆通知在北平（北京）的侨民撤退。这时，研究北京猿人化石的德籍犹太人魏敦瑞教授，也决定到美国自然博物馆去继续研究北京猿人化石，并想把所有猿人化石一起带走。未得到中国方面的允许，他就带一份最完整的模型走了。

复制化石模型的技工胡承志，请解剖科技工吉延卿帮忙，将北京猿人化石装在一个大木箱里，又用一个稍小的箱子装山顶洞人的化石，然后，由协和医院总务长博文亲自照管，将这两大木箱化石送到协和医院一个保险库房中。1942年8月，北平协和医院突然来了两位不速之客——日本的人类学家长谷部言人和地质学助教高井冬二。他们从东京赶来，企图得到全部珍贵的北京猿人化石。但是，当他们打开藏有北京猿人化石的保险柜后，发现化石早已不翼而飞，真标本已

▲ 北京人狩猎归来

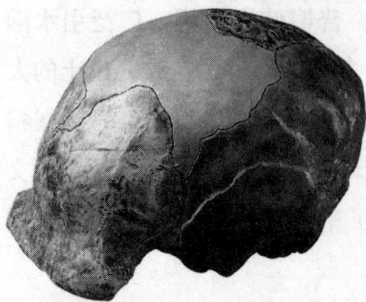

▲ 北京人头盖骨（模型）

周口店北京人的脑量为1059毫升，他们已经有了简单的思想和语言。

经被模型所替代。

北京猿人化石究竟弄到哪儿去了呢？解放后，裴文中曾写文章回忆道，日本侵略军占领协和医院后，曾不断派人找他的麻烦，逼问北京猿人化石的下落。1943年4月，还派一特务老手刑讯了被拘禁的博文。过了一个月，日本人中传说北京猿人化石在天津找到了，要魏敦瑞的女秘书去辨认。但她到了天津以后又被劝回，原因是天津的发现和北京猿人化石没有关系。可是，从此以后，日本方面再也没提化石之事了。北京猿人化石不翼而飞至今还是一个谜。

通天塔之谜

据《圣经》记载，古时候，天下的人本说同一种语言，后来古巴比伦人要修建一座能够通天的高塔，以建立自己的声誉。随着通天塔越建越高，惊动了天上的耶和华，他怕通天塔真的修成后，人类了解天上的秘密，便施展法术，使人们的语言互不相通，结果由于修塔的人无法沟通，通天塔的工程便半途而废了。

这看起来像是一个荒诞不经的传说，但史学界许多人相信，《圣经》中的这段记载还是有所依据的，关键是这座通天塔指的是哪座。有人认为，传说中的通天塔就是古代两河流域新巴比伦王国时代巴比伦城内的大寺塔。这座塔兴建于公元前5世纪，历经了半个多世纪才建成，修建时，国王曾下令，一定要将塔顶提高，以与天公比高。这座高达90米的大塔，确实能给人以高入云天的感觉。更为有趣的是，考古发掘表明，大寺塔的建筑材料是砖和生漆，而《圣经》所描述的通天塔用的材料也与此相同。而且，当时巴比伦城内的居民种族很多，确实有语言不通的情况。可惜的是，大寺塔在公元前3世纪就被破坏了。

也有人认为在大寺塔建成之前，巴比伦城内就曾有两座神庙，一座叫萨哥埃尔，意为通向云中，另一座叫米堤犹拉哥，意为上与天平，这两座神庙才是关于通天塔传说的来源。还有人认为，传说中的通天塔是指位于巴比伦城东南的乌尔大寺

塔,因为这座塔在巴比伦的寺塔中是修建时间最早,工程量最大的。

是否有人真的修过通天塔,至今没有一个确凿的说法,最大的问题在于,上面提到的这些古塔,如今都已毁灭了,我们只能根据一些传说和考古发现来猜测。

巨石阵之谜

巨石阵又称索尔兹伯里石环、环状列石、太阳神庙、史前石桌、斯通亨治石栏、斯托肯立石圈等名,是欧洲著名的史前文化神庙遗址,位于英格兰威尔特郡索尔兹伯里平原,约建于公元前4000～2000年,属新石器时代末期至青铜时代。

这个巨大的石建筑群位于一个空旷的原野上,占地大约11公顷,主要是由许多整块的蓝砂岩组成,每块约重50吨。巨石阵不仅在建筑学史上具有的重要地位，在天文学上也同样有着重大的意义：它的主轴线、通往石柱的古道和夏至日早晨初升的太阳，在同一条线上；另外，其中还有两块石头的连线指向冬至日落的方向。因此，人们猜测，这很可能是远古人类为观测天象而建造的，可以算是天文台最早的雏形了。巨石阵的主体由几十块巨大的石柱组成，这些石柱排成几个完整的同心圆，巨石阵的外围是直径约90米的环形土沟与土岗，内侧紧挨着的是56个圆形坑，巨石阵最不可思议的是石阵中心的巨石，这些巨石最高的有8米，平均重量近30吨，然而人们惊奇的发现，有不少重达7吨的巨石是横架在两根竖着的石柱上的。

古埃及木乃伊之谜

古代埃及人用防腐的香料殓藏尸体，年久干瘪，即形成神秘的木乃伊。古埃及人笃信人死后，其灵魂不会消亡，仍会依附在尸体或雕像上。

埃及人在制造木乃伊时，首先从死尸的鼻孔中用铁钩掏出一部分的脑髓并把一些药料注到脑子里去进行清洗。然后，用锋利的石刀，在侧腹上切一个口子，把内脏完全取出来，把腹部弄干净，用椰子酒和捣碎的香料填到里面去，再照原来的样子缝好。这一步做完了之后，便把这个尸体在泡碱粉里放置70天，再把尸体洗干净，从头到脚用细麻布做绷带把它包裹起来，外面再涂上树胶，然后把尸体送给亲属，亲属将它放到特制的人形木盒里，保管在墓室中，靠墙直放着。

古埃及在很早的时候，喜欢把国王或大臣的尸体制成木乃伊保存下来。如果没有很高的医学水平，根本做不到这一点。

图坦卡蒙法老留下的谜团

从埃及首都开罗南行十几千米，有一块紧贴沙漠的绿洲，古埃及法老的王墓大都修建在这里。其中有一座神秘的图坦卡蒙法老的王墓。图坦卡蒙法老在位时是公元前1200多年，相传他本非王族出身，只因相貌堂堂，被法老选为驸马，后来才继承王位。但在他年仅18岁，刚刚开始执掌政权时，突然暴死。年轻的王后悲痛至极，极尽奢华厚葬其夫，但时隔不久，王后也不知所终，一位曾辅佐王政的老臣继承了王位。

近几百年来，盗墓者费尽心机，企图找到图坦卡蒙之墓，均未发现踪迹。直到1922年，英国考古学家卡塔博士经过六年

▲ 图坦卡蒙法老的战车

持之以恒的挖掘，才找到了王陵的大门，进入了这座唯一未经洗劫的法老陵墓。确如传说的那样，墓中到处是闪闪发光的黄金，坟墓门槛上散落着的鲜花似乎还是刚刚撒下，这里的工艺美术、雕塑精品让人们为这一举世无双的古代陵墓惊叹不已。然而，最令人惊叹的还是图坦卡蒙法老的木乃伊！当人们打开一层又一层的木椁金棺，揭开法老脸上裹着的一层又一层亚麻布时，人们不禁大惊失色：图坦卡蒙法老脸上靠近左耳垂的地方有一道致命的伤痕，说明法老是被人杀害的。是谁杀害了图坦卡蒙？这桩3000多年前的悬案使史学家们一筹莫展，成了永世难解的悬案。还有更奇怪的事情。在卡塔博士进入图坦卡蒙墓门时，门口赫然写着："任何盗墓者都要遭到法老的诅咒！"人们对此一笑了之。然而，厄运和灾难果真降临到了那些闯入陵墓的人们头上：卡塔的合作者与助手相继患奇怪的病症死去，死时口中喊着"图坦卡蒙……"有一个记者在用X射线透视图坦卡蒙的木乃伊时，突然窒息死亡；一位名叫麦斯的教授在进入存放棺椁的房间时，突然全身瘫软，倒地死去；另一位与麦斯同来的霍瓦依特博士从陵墓一出来，顿感全身难受，几天后不堪忍受痛苦而自杀，死前留下遗言："我因为受到法老的诅咒，我将告别这个世界。"……在打开陵墓后的三年时间里，共有22个涉足陵墓的人不明不白地死去。对这些稀奇古怪的事情，有人推测，古人为防止盗墓，在墓内散布了能使人死亡的特殊的毒剂。但科学家们至今也没能找到这种"毒剂"的存在。

科技奥秘

科学技术是第一生产力。放眼古今中外，人类社会的每一次进步，都伴随着科学技术的进步。它已经为人类创造了巨大的物质财富和精神财富，未来也必定会继续为人类文明作出更加巨大的贡献。

飞机能升空的奥秘

飞机那么重，怎么能够升上高空呢？要想解开这个问题的答案，首先就要从飞机机翼的形状说起。从机翼的侧面看，它的上表面是向上拱起的，下表面则基本平直。所以，如果要气流吹过机翼的上下表面且同时从机翼前端到达后端，那么气流从上表面经过的速度就要比下表面的快（上表面弧度大，弧长较长，这表明气流经过的距离较远）。

按照物理学中的伯努利方程：同样是流过某个表面的流体，速度快的对这个表面产生的压强要小。因此，机翼上表面的大气压强比下表面的要小。这个压力差就使得机翼产生了向上升的升力。升力达到一定程度后，飞机就可以离

飞机起飞时受到的力

飞机的外形呈流线型，使空气可以很轻易地掠过飞机表面。这样可以减少空气迎面冲向飞机所造成的阻力，并且使飞机迅速向前飞行。

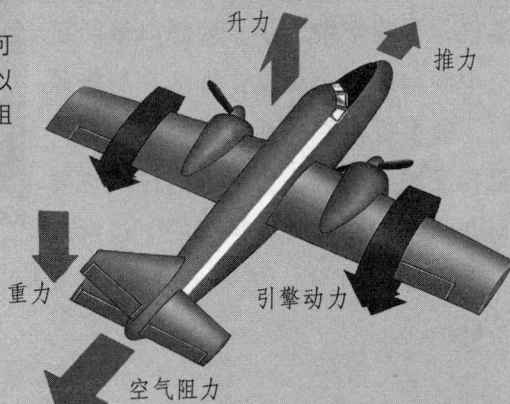

升力

推力

重力

引擎动力

空气阻力

在上图中，我们可以清楚地看到飞机机翼的形状。机翼的上表面是向上拱起的，下表面则基本平直。这样气流从上表面经过的速度就要比下表面的快。因此，机翼上表面的大气压强比下表面的要小。这个压力差就使得机翼产生了向上的升力。

地而起。

另外，飞机利用引擎的动力向前移动，这个力叫作"推力"。推力使得飞机快速向前移动，使气流流过机翼，升力也由此产生。所以，飞机起飞时主要依靠的是推力和升力。

除此之外，飞机飞行时还会受到空气阻力和重力的影响，只有当这四种力达到均衡状态时，飞机才可以平稳地在空中飞行。

风筝能上天的奥秘

在晴朗又多风的春天，人们常常会去放风筝。但是风筝为什么能飞上天呢？

风筝飞上天，其实是借助了风的力量。在有风的天气，让风吹向具有适当倾斜度的风筝，使它受到一种向上升举的力，这种力我们把它叫作"升力"。只要风筝的倾斜度适当，风越大，升力也就越大，当升力大于风筝的重量时，风筝就升举到空中去了。要想风筝能在天空中倾斜成一个角度，那么在制作风筝时，就要把风筝的面积做得足够大，而且要又轻又结实，风筝上的拉线也要系得非常巧妙。另外，风筝的下边常常拖着很长的"尾巴"，它不光使风筝在飞舞时显得好看，也能让它在天空中飞得更平稳。

飞机怎样在空中加油

空中加油就是在飞机飞行的过程中对飞机进行加油，而不用等飞机降落。它可以大大增加飞机的航程。飞机的空中加油是通过专门的加油飞机进行的。加油机机舱内设置了很大的油箱，机腹内安装有几根输油管。能在空中接受加油的飞机，机身上也有一根受油管。空中加油时，加油机在中等高度上保持平衡飞行，并放出机腹内的输油管。需加油的飞机跟在后面，逐渐飞近加油机，靠机械引导将受油管与加油机的输油管对接好。然后通知加油机打开油泵阀门输油。为了保持两架飞机的相对位置，在整个加油过程中，两架飞机要做等速直线飞行。加油完毕，执行任务的飞机就可以继续飞行了。

飞机着陆时为什么会拖着伞

飞机着陆，需要一段很长的跑道。飞机的速度越快，所需要的跑道也就越长。为了缩短着陆滑跑的距离，飞机上配备了各种减速装置。如机轮刹车装置，它与汽车刹车装置相似。另外就是减速伞。当飞机着陆时，飞行员打开伞舱，放出减速伞，由此会产生很大的阻力，迫使飞机减速，飞机很快就停稳了。

氢气球和热气球

人们在举行重大庆典和重要商业活动时，常常会用巨大的气球吊起长长的标语。气球为什么能吊起重东西呢？

如果气球里面充入的是空气，这个气球就不可能上升到空中，更不可能吊起东西。可是，一旦往气球内充入氢气或者氦气，情况就不一样了。由于氢气和氦气比空气轻，它们会给气球带来向上升的浮力，这个力比气球自身的重力还要大，所以气球就可以靠着浮力升到空中，甚至还可以吊起东西。

1780年，法国化学家布拉克把氢气灌入到猪膀胱中，制得了世界上第一个氢气球。今天，氢气球一般分为橡胶氢气球、塑料膜氢气球和布料涂层氢气球等种类。较小的氢气球多用作儿童玩具，较大的氢气球用于吊起广告条幅。

热气球和氢气球类似，只不过构造更为复杂。它由球囊、吊篮和加热装置三部分构成，尽管它的质量很轻，但却极为结实。一只热气球通常在携带足够的石油液化气或丙烷后能持续飞行两个小时，而一天中太阳刚刚升起时或太阳下山前两个小时，是热气球飞行的最佳时间。现在，热气球运动正越来越受到人们的欢迎，进行热气球飞行也成为了财富和勇气的象征。

▲ 升起的热气球

飞机为什么要迎风起飞

飞机迎风起降的主要原因是：这样可以缩短飞机起飞或着陆的滑跑距离。飞机起飞时，如果有风迎面吹来，在同样的速度下，它获得的升力就比在无风或顺风时大，因而就能较快地离地起飞。飞机迎风降落时，可以借风的阻力来减慢飞行速度，使飞机在着陆后的滑路距离缩短一些，从而减少燃油的消耗。

冰能燃烧的奥秘

俗话说"水火不相容"。冰是水变成的，怎么可能燃烧呢？可是科学家已经发现了可以燃烧的冰！这种冰存在于海洋深处，而且储量巨大。

为了与自然冰相区分，科学家们称这种可燃烧的冰为"可燃冰"。它之所以能燃烧，因为它不是由水凝结而成的，而是由含有天然气、甲烷的水溶液凝结而成。那么，可燃冰是怎样形成的呢？在海洋中，海洋生物留下的遗骸不断沉积在海底，会分解出一种甲烷气体。由于洋底温度低、水压高，大部分甲烷气体会被挤压到沉积岩细小的孔隙内转化为水合物。随

▲ 在广阔的海洋深处，存在着储量巨大的可燃冰矿床，科学家们正准备开发利用这一资源。

着时间的推移，这些充满水合物结晶体的沉积物又会被新的沉积物覆盖。接着，水合物会开始分解，气泡会沿着弯弯曲曲的孔隙向上运动，重新进入上面的水合物形成区……这样，在数百万年的漫长岁月里，海底就会形成一种固体化合物——可燃冰的矿床。

但是，目前世界上还没有开采可燃冰的经验和技术。也许在不久的将来，这一难题就会得到解决。到那时，人类就可以用冰做饭、取暖、炼钢、发电……

隧道里的灯光为什么是橙黄色的

隧道里光线昏暗，视线较差，空气流通也不是很好，而橙黄色的灯光穿透力强，适合用来照明。灯光如果是红色的话，汽车尾灯也是红色的，容易让司机产生误解。所以相比之下还是橙黄色灯光更为适用。另外，在有雾或烟霭的时候，波长较长的光能照得更远。光的波长根据颜色的不同而不同，按照

▲ 灯光昏暗的隧道

从长到短的顺序给五种主要颜色的光的波长排序，这个顺序分别是：红、橙、黄、蓝、紫。从这个排列顺序可以清楚地发现，黄色光和橙色光比紫色光和蓝色光更适合在隧道里使用。这就是在隧道里采用橙黄色灯的原因。

为什么火苗大多是红色的

请你点上蜡烛仔细观察一下，就会发现其火苗的各个部分颜色是不同的。一般来说，火苗的外焰为蓝白色，内焰为红黄色。造成这样的颜色差异是因为外焰和内焰的温度不同。外焰温度高，发出的光的能量也就高，由于光的频率与能量成正比，所以外焰发出的光就呈现出频率较高的蓝白色。同理，内焰温度较低，只能发出频率较低的红黄色光。

火苗平时之所以大多是红色，是因为人们没有采用特殊方法使火焰一下子达到高温。我们平常所看到的火苗，是处于自然状态的燃烧，所以大多为红色。

不过，火苗呈现出不同的颜色不仅仅是因为燃烧时的温度不同，还和燃烧是否充分有关，红黄色火焰就是由于燃烧不充分引起的。而有些物质燃烧后产生的氧化物是水，能迅速蒸发，因此可以充分燃烧，火焰就呈现出蓝色。

火焰向上燃烧之谜

物质在燃烧时会产生大量的热。这种热量会把周围的空气加热，于是受热后的空气产生热膨胀，变得很轻，开始上升。在水中，轻的物体总是漂浮在水面上，在空气中也是这样的。也就是说，由于空气受热变成上升气流，才使得火焰的方向朝上。

你也可以这样来理解：火向上燃烧，是因为上升的空气或燃烧的热气体把火焰拉上去了。因此，在火焰的上端，呈现出一种像蜡烛的火苗或火柴的火苗那样的尖形，这种形状接近于三角形。由于在燃烧的过程中这种作用会不断地产生，所以火焰总是向上燃烧的。

水为什么能灭火

一旦发生了火灾，人们首先想到的就是用水来灭火。不过你知道水为什么能灭火吗？其实这和水的特性密不可分。

水遇到燃烧物质后，温度会升高，转化成水蒸气。一千克水全部汽化成100℃的水蒸气，需要吸收539千卡的热量。因为水汽化时能吸收这样多的热量，所以把水喷射到燃烧物质上，就能使它的表面温度迅速下降，起到冷却降温的作用，有利于灭火。另外，大量的水浇在燃烧物体上，水就使燃烧物体和空气隔离开来，一旦得不到空气中的氧，火就熄灭了。正因为水有以上特点，所以水能灭火。

▲ 消防人员正在灭火。

火旺时，炉子为何会"呼呼"作响

冬天，只要炉子里的火被烧得很旺，屋里就热闹了——炉子"呼呼"直响，声音好像大喇叭。这时炉门也会"砰砰"响，好像铜铙钹。这些"呼呼"声和"砰砰"声是从哪里来的呢？

要喇叭呼呼地响，得有人去吹它。可究竟是谁在吹炉子呢？事情是这样的：当我们把炉火生起来的时候，炉子里的空气就被加热了。而热空气比冷空气轻，它会往上升，这样屋子里的冷空气就会来填补它空出来的位置。于是，炉子里就产生了一股气流——空气从炉子底下经过炉子向上流动，炉子就这样被"吹"响了！

电冰箱制冷的奥秘

电冰箱能制冷，是因为它利用了一种叫作氟利昂的物质作"搬运工"，把冰箱冷冻室里的"热""搬运"到了冰箱的外边。氟利昂是一种既容易汽化也容易液化的物质，汽化时它吸收热，液化时它会放热。

冰箱的制冷过程是这样的：电动压缩机先把氟利昂蒸汽压缩，并把它压入冰箱外面的冷凝器里。在这里蒸汽变成液体并放热，放出的热被周围的空气带走。冷凝器里的液态氟利昂经过一段很细的管道，慢慢进入冰箱内冷冻室的管子里，在这里迅速汽化、吸热，使冰箱内的温度降低，生成的蒸汽又被压缩机抽走，压入冷凝器，再液化，并把从冰箱内带来的热放出。如此循环往复，电冰箱就能不断地制冷了。

▲ 电冰箱

不锈钢不易生锈的奥秘

顾名思义，不锈钢就是不容易生锈的钢。

所有的金属都会和大气中的氧气发生反应，在表面形成氧化膜。氧化膜就是一种"锈"，一旦氧化继续进行下去，锈蚀就会不断扩大，最终形成孔洞。而不锈钢之所以不易生锈，与其加入了12.5%以上的铬有关。铬能使钢表面很快地生成一层致密的钝化膜，它非常薄，透过它可以看到钢表面

▲ 不锈钢餐具

的自然光泽，使不锈钢具有独特的表面。

要做好不锈钢的防锈工作，就不要破坏不锈钢表面的钝化膜。用完后尽快清洗干净，擦干即可。在洗刷不锈钢制品时，最好不要用去污粉等用力擦拭其表面，否则会破坏那层钝化膜。

中医拔火罐能治病的奥秘

拔火罐是中医的一种治疗方法，对一些疾病有较好的疗效。拔火罐时，医生会取来一个平口瓶子，先点燃酒精棉花球，迅速放入瓶内，待棉花燃烧一会儿后，立即将瓶子罩在患处。酒精棉花球会马上熄灭，同时瓶子就立即"粘"在了皮肤上，不会掉下来。形成这种现象是因为瓶内缺少氧气，造成酒精棉花球熄灭，瓶中空气因温度降低而收缩，这样瓶内压强小于外界大气压强，瓶子就被大气压"压"在皮肤上掉不下来了。

拔火罐为什么能治病呢？主要是由于罐内燃火消耗氧气，致

▲ 拔火罐

使罐内空气稀薄，渐成真空，使机体局部形成负压，产生的吸力很强，使得皮肤与肌肉组织都被吸进。皮肤因罐内的大力吸引而高度充血，引起血管扩张，血流加快，新陈代谢旺盛，组织营养得到改善，反射性地增强了白细胞的吞噬作用，提高机体的抗病能力，促进疾病的好转或痊愈。另外，在拔火罐时，有一部分毛细血管可能破裂，血液溢于组织中被溶解，再被吸收。这种现象在医

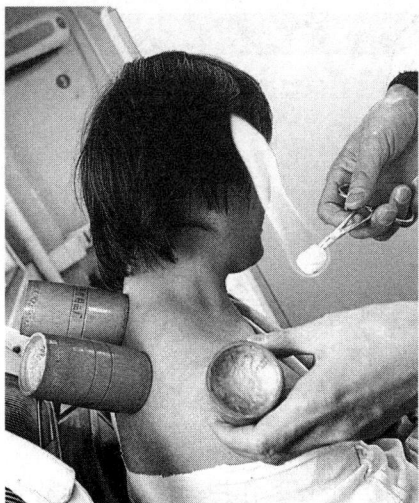

学上叫"自家溶血"。这种现象能让机体产生持续的良性刺激，增强防御机能，促使病情好转。

保温瓶能保温的奥秘

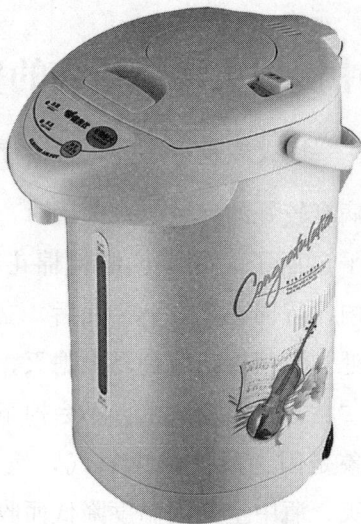

保温瓶既能保"暖"，也能保"冷"。这是为什么呢？我们知道，热的传递方式有三种：热的传导、热的对流、热的辐射。保温瓶是用玻璃做的，瓶塞选用软木塞，瓶胆下面垫有橡皮垫，这些材料都是不容易传热的物体，隔断了热传导的通路。保温瓶胆用双层玻璃做成，两层之间抽成真空，这就破坏了对流传热的条件。而且两层玻璃都镀上了水银层，好像镜子一样，能把热射线反射回去，断绝了热辐射的通路。如果在保温瓶里灌上热水，热量就被关在里面，跑不出来；若是在保温瓶里放入冰棍，外面的热同样也不容易跑到瓶子里，冰棍就不容易融化。由上可知，

▲ 保温瓶

保温瓶的设计基本上断绝了瓶内瓶外的传热途径，所以保温瓶的瓶内温度可以保持较长的时间。

为什么罐头里的食品不会腐烂

食物腐烂，主要是因为细菌繁殖所致。不过，没有适当的温度、湿度及养分，细菌是不能繁殖的。所以做罐头时，首先就要高温加热杀死细菌。一般来说，细菌被加热到60℃以上就会死去。但加热后如果不立即密封，罐头里就会侵入新的细菌，食品会再次腐烂。所以杀死细菌之后要再把罐头密封起来，这样新的细菌就进不去了。正因为如此，罐头中的食物能保存很长一段时间不会腐烂。

橡皮筋能被拉伸的奥秘

橡皮筋拉长后又能缩回去，这是其中的橡胶分子在起作用。橡胶分子是一

▲ 橡皮筋可以用来扎辫子。

种十分爱运动的小东西，这使得橡胶分子链呈卷曲状。如果我们用力拉橡皮筋，橡胶分子就失去了任意活动的"自由"，所排列的队伍也会变得整整齐齐。因此从外形上看，就是橡皮筋被拉长了、拉直了。

但是，这些橡胶分子不甘心被限制，它们强烈要求恢复活动的"自由"。当我们一松手，橡胶分子就会释放出从外界吸收来的能量，使橡皮筋恢复到原来的长度，这就是橡皮筋能被拉伸的原因。

水银呈液体状的奥秘

水银就是汞。汞在常温下呈液态，色泽如银，所以人们又称它为"水银"。

水银和水一样，有固态、液态、气态三种状态。水的凝固点是0℃，而水银凝固点是-38.87℃，所以水银在常温下是液体。

由于水银的膨胀系数比较大，在受热的时候会膨胀，所以人们就利用这一原理制成了温度计。温度计有不同的种类，以体温计为例，在它储存水银的玻璃泡上方有一段非常细的缩口，当水银受热后，它会膨胀并通过缩口升到上面的玻璃管里。当体温计离开人体，水银变冷收缩，水银柱来不及退回玻璃泡，就会在缩口处断开，仍然指示人体的温度。

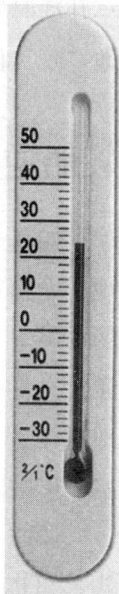

▲ 体温计

汽车轮胎为什么会有花纹

　　仔细观察一下，就会发现汽车轮胎上都有花纹。这可不是为了好看，而是为了保证车辆行驶的安全。

　　为什么这样说呢？汽车轮胎上的花纹，是为了防止车轮在路面上行驶时打滑。特别是当汽车在泥地、雪地上行驶时，没有花纹的汽车轮胎，常常只会在原地打转，根本没法前进。而带有花纹的车轮，却能"抓"住地面，稳稳地行驶。比如在雨天行车，水会从花纹的缝隙里排出，轮胎和地面仍然紧紧地贴在一起，因此不容易打滑。

　　在城市里行驶的车辆，轮胎上的花纹一般都是直线锯齿形的，它还能减轻汽车开动时发出的噪声。而在野外行驶的车辆，轮胎上的花纹则又深又宽，能紧紧地"咬"住地面，即使是在雪地上行驶，也不容易打滑。

轮船逆水靠岸的秘密

　　如果你乘坐轮船时注意观察，就会发现一个有趣的现象：每当轮船要靠岸的时候，总是会让船头顶着水流慢慢地向码头斜渡，然后平稳地靠岸。为什么轮船会选择逆水靠岸呢？

　　原来，使轮船逆水靠近码头，可以利用水流对船身的阻力降低船速，利于人们准确地控制船体的方向和速度，便于靠岸。

灯泡和日光灯发光之谜

一只小小的灯泡，却能发出耀眼的亮光，这是什么原因呢？拿一个灯泡仔细看一看，你会发现在灯泡里面有一些非常细小的灯丝。灯泡之所以会发光，就是因为里面有灯丝的缘故。灯丝是用一种叫作钨的金属材料做成的，人们叫它钨丝。钨丝很耐热，当我们打开电源时，电流会通过灯丝，使灯丝产生热并不断提高温度。当灯丝被电加

▲ 灯泡的发明让人类从此告别了黑暗，图为彩灯装饰下的巴黎圣母院。

热到一定温度以后就会发出亮光，于是我们就看到灯泡亮了。

日光灯的发光原理与电灯泡不同。它的灯管内充有汞蒸汽，管内壁涂有荧光粉，当荧光粉受紫外线刺激时，就会发出强烈的白光。所以，如果是消耗同样的电能，日光灯就比电灯泡要亮得多。

影子是从哪里来的

影子是我们在生活中最为熟悉的朋友之一，它常常像一个或大或小的尾巴，紧紧地跟随着我们。可是，影子到底是从哪里来的呢？光是沿着直线传播的，当遇到不透明的物体时，光线就被挡住了。这时，在物体的背后就会形成一个黯淡的区域，这就是我们常说的影子。

影子的形状和大小不是固定不变的，它会随着光源的位置不断变化。在灯光下，离灯越远，影子越小；离灯越近，影子越大。

复印机为何会复印文件

今天，复印机已经越来越普及。文件、材料和图纸等放进复印机，一会儿就可复制出若干份来，真是大大节省了时间。不过，复印机为什么会复印文件呢？复印机中的重要部件称为硒鼓。当硒鼓充电以后，经过光照处理，照光的部分电荷就会消失，文字、图像等遮光的地方，电荷不会消失。当黑色粉末撒到硒鼓上时，有文字、图像的地方由于相对应的硒鼓带电，可以吸引黑粉，这样就可把原稿上的字或图转印到另一张白纸上。这就是复印机的原理。

自动门能自动开关的奥秘

在许多高级商厦或宾馆门前，都装有一种能自动开关的门。当人走向它时，门会自动打开；等人进去后，它又自动关闭。真是太神奇了！为什么这种门能自动开关呢？

以最常见的自动门——地毯式自动门为例。这种门的门前会放一块地毯，地毯下面有

▲ 会自动旋转的门

一条电线与电源相连。当人往地毯上一站，地毯的重量便增加了，于是电源接通，把门打开；人进去后，地毯上的重量减轻了，电源断掉，过几秒钟后，门便自动关上。这就是地毯式自动门的工作原理。

数码照相机为什么不使用胶卷

传统的照相机都是需要使用胶卷的，而数码照相机却无需使用胶卷。这中间的区别就在于：数码照相机拥有固态摄像器、快速存储器和彩色液晶显示器。

固态摄像器在按下快门曝光的瞬间，将光学信息迅速地转换为数码信息，并将数码信息迅速地存入快速存储器中。快速存储器是一张磁盘，可以很方便地从数码相机中插入和取出。它如同计算机的软盘一样，可重复使用。

彩色液晶显示器除了发挥普通照相机的取景作用外，还可以马上观看和编辑已经拍摄好的照片。如果对所拍的照片不满意，可以立即把它们从存储器中删除掉，腾出空间来拍摄新的照片。

照片拍摄结束后，你只需要将存储器中的数据输入电脑，就可以在电脑显示器上欣赏所拍的照片，并通过图片处理软件对照片进行编辑，也可以将它打印出来，还可以通过电子邮件发送给亲朋好友。

军事奥秘

军事就是有关军队和战争的事情或事务。军事研究包括了军事科学、军事技术、军事训练、军事演习、军事侦察、军事战略等各大组成部分。近年来，已经有越来越多的人开始了神奇的军事探秘之旅。

防弹衣能防弹的奥秘何在

打仗时，士兵们是在枪林弹雨中穿行的。为了减少伤亡，他们会穿上一种子弹打不穿的特制服装，这就是防弹服。子弹飞行得那么快，威力那么大，怎么可能打不穿一件衣服呢？让我们来看看防弹服的材料你就清楚了。第一次世界大战时，钢板防弹衣又被加上了纺织物衬里。到了第二次世界大战，随着战场上因为弹片的杀伤而失去战斗力的士兵越来越多，于是各国不遗余力地研制新型的防弹衣，主要材料也由普通钢板转为特种钢。随后又有一些新材料出现，比如尼龙、玻璃钢。这些新材料迅速被运用到了防弹衣上。朝鲜战争和越南战争中的美军士兵，几乎人人都穿了这种新型的防弹衣。和过去相比，防弹衣的防护力已经得到了很大提高，但重量方面还有很大的改进余地。20世纪70年代，美国杜邦公司研制的防弹衣，由超高强度的纤维制成，重量仅两三千克，防护力却比钢丝高60%，算得上是最先进的防弹衣了。

那么，未来的高科技会给防弹衣带来什么样的变化呢？也许就像你身上穿的普通的衣服，但却能让士兵在战场上生存下去。

宇航服为什么做得那么复杂

在太空中气压很低，而且不同地方温差极大，在这样的环境下，人类是无法生存下去的。但是，宇航员有时确实需要出舱活动，如进行太空行走、安装修理设备、进行科学探测等，为了保护宇航员的生命安全，就需要给他们穿上特殊的宇航服。这种特殊的宇航服是什么样的？

航天服通常分为两种：一种是宇航员在航天器座舱里应急穿用的服装，称为"舱内活动航天服"；另一种是供宇航员到座舱外面工作用的"舱外活动航天服"。舱内活动航天服，实际上是个备用的保险系统。因为航天器生活座舱本身具有完善的生命保障系统，宇航员一般只是在航天器发射和再入大气层过程中穿着这种航天服。在这期间，由于加速度、冲击、振动和噪声的作用，有可能造成航天器结构的破坏，或仪器设备发生故障，危及人的安全。例如，前苏联"联盟"11号载人飞船在1971年完成任务返回时，由于一个阀门脱开，造成爆炸减压，即座舱里的空气一下子全泄漏到高真空的空间里，3名宇航员由于没穿航天服，全部遇难。

航天服的结构十分复杂。舱内活动航天服虽然稍微简单些，但至少有五层构成：最里边的即贴近衬衣的为液冷服，在尼龙布上粘着聚氯乙烯细管，管内有冷却水回流，以排除人体代谢产生的热量；第二层为气密层，由涂氯丁胶的尼龙织物构成，并通过管路与座舱氧源相接，有供氧、通风、加压的作用；第三层是限制层，是由尼龙丝或特氟纶丝编织成的网状结构，防止第二层加压后向外隆起膨胀；第四层是隔热层，是由多层的镀铝的聚酯无纺布构成，起防热辐射作用；第五层为外套，由抗磨损耐高温的尼龙等织物构成。

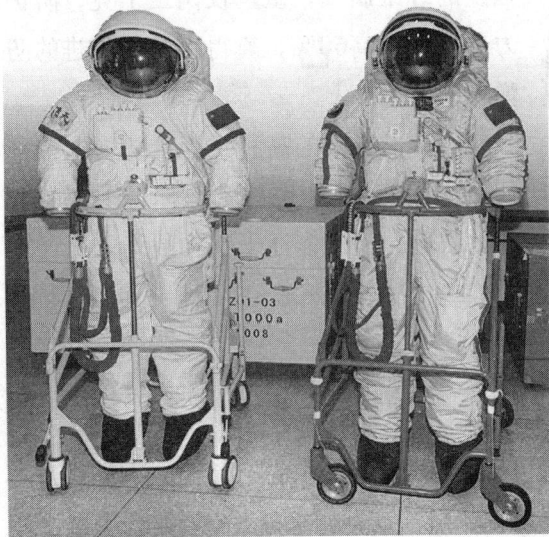

舱外活动航天服

　　舱外活动航天服，除了应具备舱内活动航天服的基本结构和功能外，至少还要增添一个保护层，以防止微流尘的侵袭。该层多是采用涂有特氟纶的玻璃纤维织物。此外，为了方便航天员的出舱活动，现在已经摆脱了过去那种与航天器连接的"脐带"（包括供氧、冷却等管路，并起着固定宇航员的作用），而在航天服上装备了一种背包式生命保障系统，可独自提供压力为183～210毫米汞柱的纯氧，有滤出二氧化碳等有害气体的净化装置及循环冷却等设备，还有通讯、姿控、推进等附属设施，从而成为一个完全独立的系统。

什么导致了"挑战者号"失事

　　1986年1月28日是人类航天史上的黑色日。这天，美国的"挑战者"号航天飞机在全世界的注视下起飞了，可谁知，仅过了72秒，上升中的"挑战者"号突然爆炸，变成一团耀眼的火球，然后以极快的速度坠入了大西洋，机上的5男2女共7名宇航员全部遇难。噩耗传出，举世震惊，这是人类航天史上最大的事故。

　　那么，是什么原因导致了这场灾难呢？事后调查得知，失事的原因是挂在"挑战者"号外的燃料箱上的一枚助推火箭的密封装置发生了破裂，喷出的火焰引起了猛烈的爆炸。其实，这场悲剧也许是可以避免的。在"挑战者"号发射前，曾有人打电话给有关人员，说该航天飞机存在着缺陷，机上的某个接口在低于7℃时会出现渗漏，最终将引起爆炸。但是，这个警告并没有引起航天中心的足够重视，他们还是做出了按时发射的错误决定。

　　1986年1月31日，美国举行了1.5万人参加的追悼大会。追悼会上，当时的美国总统里根说："人类将继续征服太空，实现新的目标和取得更大的成就，这就是纪念7位英雄的方法。"

"挑战者号"是人类航天史上第一架失事的航天飞机，但它不是最后一架失事的航天飞机。2003年……

热像仪的奥秘

20世纪70年代初，热成像技术趋于成熟，美国在此基础上率先研制成功了不同性能的热像仪。最初主要用于高性能的武器装备系统，如美军的M1坦克、M2战车、ＡＨ－64攻击直升机等。目前已广泛用于陆军侦察部队。在海湾战争中，美、英、法军主战坦克、装甲战车、攻击直升机等多种武器系统上都装备了它，热像仪已成为夜战装备花园中的一朵奇葩。

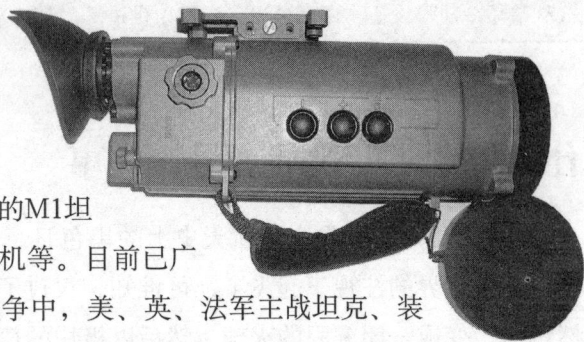

热像仪是根据自然界中一切物体都辐射红外线这一自然现象，利用红外探测器探测目标与背景以及目标各部分之间的红外热辐射温度的差异所产生的热对比度进行成像的一种被动式夜视器材。它不依赖夜光，也不主动向目标发射红外线，因而其工作方式是全被动式、全天候，不易被对方发现和干扰。由于热像仪在3～5微米红外波段工作，具有一定的透过雾、雨、雪等特殊天气进行探测的能力，不怕强光，所以更适合在复杂、恶劣的情况下使用。目前，较好热像仪的温度分辨率可达0.2℃(最好的可达0.05～0.1℃)。当目标与背景温度差0.2℃时，就可观察目标的轮廓；当目标自身部位温度差0.2℃，就可观察到目标的层次。比如，由于人的体温高于空气及周围的环境，当敌方人员出现在背景中时，就会生成一个有别于原来图像的新信息，从而给观

察者提供识别依据。利用这一温度分辨率可识别伪装和透过一定遮障来识别目标，如手持热像仪可探测到丛林中80米远处的单兵，可探测到埋在地下的地雷。另外，热像仪不仅能对目标进行观察，而且还能获得目标状态信息等。

目前，热像仪已被公认为当今夜视技术发展的最高水平。它的第一代产品为光机扫描型热成像仪，第二代热像仪是凝视型的，主要采用红外焦平面阵列等先进技术，能获得目标的全景图像，而无需用光机扫描装置，不仅缩小了体积、降低了功耗，而且还具有更高的灵敏度和热分辨率，探测距离和识别能力又有很大提高。这又启发人们将红外焦平面阵列用于武器制导，能够识别曳光弹等类诱饵，对目标有较高的命中率。

激光测距仪的奥秘

激光这一神奇之光的用途很多很多，如用其来测量距离则方便、快捷、准确，测量高速运动或者距离很远的目标不费吹灰之力。人们根据军事上不同的需要，应用激光测距技术研制不同的测距仪。一是用于运动速度较慢(如坦克等)和固定目标的测距仪；二是用于炮兵近距防空的测距仪；三是舰对空和地对空火控武器用的测距仪。常用于测距的激光器有钕钇铝石榴石激光器、二氧化碳气体激光器和半导体激光器。目前国外各种型号的激光测距仪已有200

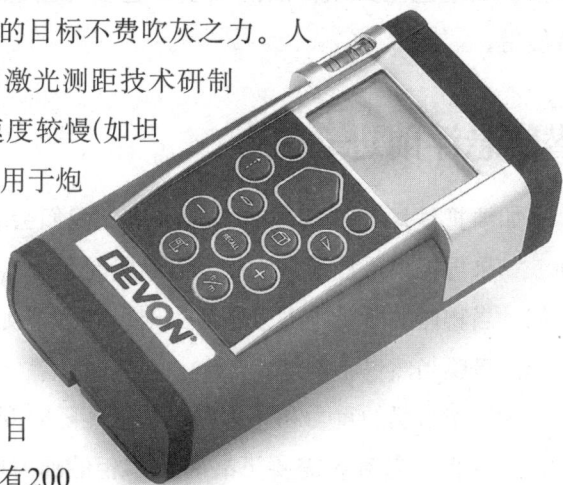

多种，分步兵、炮兵、舰载和机载几大类。

激光测距原理与雷达测距相似，不同的是激光测距仪发射的测距信号是脉冲激光信号。测距仪向目标发射激光信号，当其碰到目标被反射回来，由于光在空间传播的速度（C＝30万千米／秒）是已知的，所以只要记录下光信号的往返时间，就能计算出待测距离。

利用激光测距为大炮射击提供弹道诸元，可以大大提高命中率。据报道，第二次世界大战中，一辆中型坦克对1500米距离处的静止目标射击，发射13发

激光测距的优点

激光测距的主要优点：一是操作简便，速度快。只要瞄准了目标，几秒钟便可测得数据。二是测量精度高。例如测量地球和月球之间的距离（38万千米），精度可达±10厘米。三是激光测距仪体积小、重量轻。已装备的激光测距仪，重量一般在10千克左右，最小的只有几百克，形如一架小型望远镜。四是抗电磁干扰能力强。激光测距在军事上可用于地形测量、战场前沿测距、坦克及火炮的测距，测量云层、飞机、导弹及卫星的高度等。

炮弹，才能获得50%的命中率，而配了激光测距和弹道计算机的火控系统，在上述条件下，能做到首发命中。目前比较先进的坦克和火炮都已装备了激光测距仪。

激光测距的主要缺点是不能全天候使用，其作用距离受天气和战场条件（硝烟、尘埃等）影响较大。为适应全天候作战的需要，还要与雷达配合使用。

潜艇悬浮前进之谜

如要把铁球和皮球同时放到水里，我们会看到前者沉到水底，后者浮在水面。如果再把鸡蛋置于盐水中，看到的是蛋悬浮在水中。这些生活中的现象告诉我们，当物体的所受重力大于浮力时，就会下沉，反之上浮，相等时就处于悬浮状态。潜艇当然也不例外。

为了使潜艇的重力和浮力根据需要能随时变化，专门在内壳和外壳之间设置了许多水柜。当潜艇需要下潜时，水柜的通海阀和通气阀同时打开，海水就会

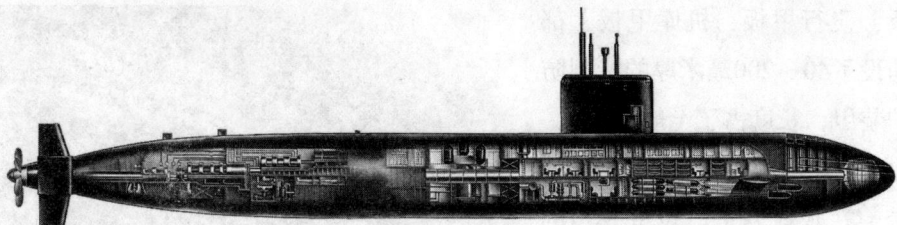

▲ **美国的核潜艇**

　　各国潜艇的外形都差不多，上图所示是美国的核潜艇。所有的现代潜艇中都没有浪费的空间，洗衣房、浴室、卧室、厨房、食堂和各种操作舱都在里面。

▲ **法国"凯旋"级弹道导弹核潜艇**

大量地涌进来。随着进水量的增加，重力慢慢超过浮力，潜艇便不断地下沉。当潜艇下沉到预定的深度，将通海阀和通气阀关闭，重力和浮力相互抵消，潜艇就停止下沉，悬浮在水中了。当潜艇需要上浮时，只要将通海阀打开，向水柜中充入高压气体，海水便从水柜逐渐排出，浮力大于重力，潜艇便慢慢地浮了上来。

　　然而有人会问，随着潜艇在水中燃料的消耗，鱼雷、导弹的发射，重量会不断减轻，那么，潜艇岂不就会自动上升到水面上吗？为了解决这个问题，潜艇还有专门的调节水柜。它会随着艇体重量的减轻，适时地打开海阀，让一部分海水灌进来，使之保持原来的重量，抵消浮力对潜艇的上举力。这样，潜艇继续保持在原来的深度上前进。

现代航空母舰的抗沉性

　　在第二次世界大战中，有40多艘航空母舰被各种武器击沉。战后，虽然航空母舰多次在局部战争中亮相，却不曾被击沉过。这除航空母舰编队的防御能力大为加强外，其主要原因是现代航空母舰的抗沉性越来越强。

　　为了有效地保护舰体的安全，现代航空母舰同坦克一样披铠戴甲。在舰舷壳板、飞行甲板、机库甲板上都铺设了40～200毫米厚的特制防护装甲，长度占了全舰的2/3，构成了全舰性水平装甲防护带。在水线以下，设有专门的"水下防护区"。舰体两舷的水下部分，由3～5层纵向隔壁组成防雷隔舱，形成纵向装甲带。底部还设有2～3层底板，

▲ 美国"杜鲁门号"航母

即使舰体遭到鱼雷、导弹等兵器袭击，最多也就是穿透第一层装甲，在膨胀隔舱中便丧失了大量动能。如果偶然穿透第二层装甲，也因各舱中装有大量的水，而将爆炸剩余的热能吸收，使其不能继续穿透第三层装甲。即使部分舱室进水，舰体仍可保持很大的浮力，不会沉没。

▲ 法国"戴高乐号"航空母舰

1969年1月，美国7万吨级的"企业"号航空母舰发生严重火灾，引起炸弹、导弹一连串爆炸，15架飞机被毁，但几个小时之后便恢复了作战功能。1981年5月，9万吨级的"尼米兹"号因一架ＥＡ－6Ｂ型飞机着舰失败，引起爆炸失火，18架飞机毁伤，军舰经修理后仍在服役。可见，一般的武器，乃至严重事故，都很难使航空母舰沉没。

迷彩服的由来

自从第二次世界大战德军首次使用三色迷彩服之后，经过几十年的发展，色彩斑斓的迷彩服已经成为各国部队基本的作战服装。这是什么原因呢？

原来，迷彩服与普通军装相比，伪装效果特别好。不同的彩斑乍看上去似夏日树木的阴影，又像秋天的落叶。军服的色彩酷似大自然的背景，使人难于

发现。当然这些图案并不是随意涂抹的，在设计上也很有讲究。

每块彩斑的边缘线条都呈不规则曲线，因为自然界中没有笔直的树叶、草木。如果在右臂上有一个绿色图案，那么在另一只袖子上就不能出现大小、形状、颜色相同的图案。不仅如此，为了防止暴露自己，服装的单独部位也不允许用一种彩斑，颜色的选用也不能使用部队习惯用的色彩，这样才易于伪装自己，迷惑敌人。

另外，制作迷彩服的颜料也有讲究，通常在各种颜料

▲ 身着迷彩服的中国女海军陆战队队员

中掺进了特殊的化学物质。这种化学物质具有反射红外线的能力，使服装的红外线反射能力与自然景物大致相等。这样，各种侦察器材就更难于发现隐蔽集结的部队了。正是由于现代迷彩服有这些优点，许多国家的军队都选用把野战服和伪装服合为一体的迷彩服，以提高野外作战的隐蔽效果。

自动手枪的奥秘

自动手枪是射击中在火药气体的作用下，可实现再次装弹入膛的手枪。分为两种，一种是只能打单发的半自动手枪，又称自动装填手枪。由于半自动手枪使用最为广泛，习惯上也称为自动手枪。另一种是可以打连发的全自动手枪，又称冲锋手枪。自动手枪的口径通常为7.62～11.43毫米，以9毫米为多见；长200～300毫米，重约1公

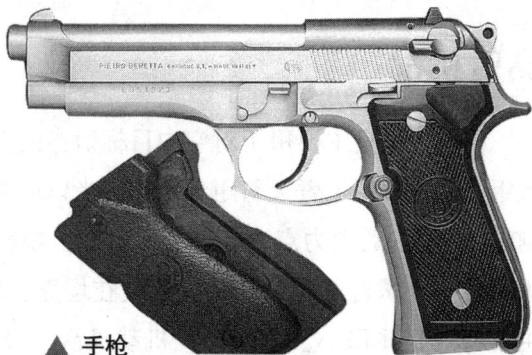

▲ 手枪

GPS定位

在1991年初的海湾战争中，有几位美军飞行员在飞机被击中后被迫跳伞。他们用一种袖珍收音机大小的仪器，迅速测定降落点的地理位置。闻讯赶来的营救直升机，也利用类似仪器在茫茫沙海中找到遇险者。这种高效的测向、定位系统就是"导航星授时和测距全球定位系统"，简称"GPS"。它是美国继"阿波罗"登月、航天飞机之后的第三大航天工程，它可同时为全世界无数用户服务。

GPS由24颗卫星组成，它们分布在6个轨道面上绕地球运转。无论你在地球的什么地方，都可以同时接收到至少6颗卫星的信号，但这些卫星与你的距离、相对方向和运动速度都有差异。用GPS接收机接收卫星无线电信号并加以比较分析，就可以确定你所在的地理坐标，定位精度可达1米左右。

GPS还能提供十分准确的时间、速度数据，所以它可以帮助巡航导弹直接命中远方仅几米大小的目标。另外，GPS在民航、海运、探矿、工程测量以及野外旅游等方面都有用武之地。

斤，大多采用装于握把内的弹匣供弹，容弹量通常为8发，打单发时，射速约40发/分，有效射程约50米。自动手枪出现于19世纪末叶，由于其具有装弹快、容弹多、射速快、威力大等特点，很快世界各国都开始使用，以此取代了转轮手枪。有的全自动手枪(冲锋手枪)在必要时可加装肩托，用双手握持抵肩射击，有效射程可增加到150米，所加肩托一般由枪盒或其他附件(如匕首等)兼做。连发射击时火力猛、射速快，有的射速高达110发/分。

世界上最早被广泛使用的冲锋手枪是1932年德国制造的毛瑟冲锋手枪。

▲ 手枪

高射机枪

高射机枪是主要用于对空中目标射击的大口径机枪，由枪身、枪架、瞄准装置组成。主要用于歼灭斜距离在2000米以内的敌人低空目标；还可用于摧毁、压制地(水)面的敌火力点、轻型装甲目标、舰船、封锁交通要道等。按运动方式分为牵引式、携行式和运载式（安装在坦克、装甲车、步兵战车、舰船上)三种。主要特点是体积小、重量轻、机动灵活、投入战斗速度快、射速快、火力猛、对低空目标射击效果好，是防空武器系列中不可取代的重要装备。常见的有14.5毫米二联或四联高射机枪和12.7毫米高射机枪。一般编在步兵营或高炮营内，由5～10人操作使用。

▼ 高射机枪

威力强大的自行高射炮

简称"自行高炮"，是将瞄准发射系统与车辆底盘结合在一起，能自行运动的高射炮。主要用于歼灭低空和超低空目标，掩护行军、战斗的部(分)队。必要时也可用于消灭地(水)面目标。按口径分，有小口径和中口径自行高炮；按自行方式分，有履带式和轮式自行高炮；按功能分，有全天候和非全天候自行高炮。自行高炮通常是独立的高射炮系统，普遍采用火力系统、探测装置和解算装置装于同一车体上的"三位一体"结构。自行车辆由装甲车体、炮塔、动力装置、电源系统和行驶部分组成。火炮一般由数个结构相同的小口径自动炮身(有的是一门中口径炮身)、瞄准装置、平衡机和高炮随动装置组成，装在旋转炮塔内或两侧。炮塔有封闭式、半封闭式和敞开式三种。车内装有雷达、光电或光学火控系统，装有导航仪以测定自身行进中所在位置的坐标。车上还装有防核、化学、生物武器的仪器和设备。与牵引高炮相比，自行高炮越野能力强、机动性好、可靠性高、自动化程度高、反应时间短，具有对低空、超低空飞行目标作战的能力，可实施短停射击和行进间射击，是各国陆军致力发展的防空武器之一。

▲ 自行高炮

建筑奥秘

　　建筑是凝固的诗歌。建筑工人们以大地为纸，按照内心的设计，挥舞瓦刀，写下了不朽的诗篇。在他们的雕琢下，建筑——这些大写的文字，无论是狂草，还是正楷，都遒劲有力，入木三分，成为这个世界上最和谐的风景。

金字塔之谜

金字塔是古埃及国王（法老）的陵墓，因其呈方锥体形，形似汉字"金"，故汉译为"金字塔"。现在埃及首都开罗西南10多千米的沙漠中散布着70多座金字塔，它们大多是在古埃及兴盛时期修建的，从金字塔的规模大小可以看出古埃及王朝的兴衰历程。金字塔不仅外观巍峨雄伟，而且内部结构严谨复杂，被誉为古代世界建筑中的七大奇迹之一。其中规模最大的是法老胡夫的陵墓。

▲ 胡夫金字塔和狮身人面像

胡夫金字塔高146米，是1889年法国埃菲尔铁塔建成前世界上最高的建筑物，当然这个高度当时无人知道，而是在修建1000多年后由希腊七贤之一的泰勒斯根据等腰三角形原理通过测量塔影算出来的。金字塔的底座四边各长230余米，占地52900平方米，而且塔身完全用每块重2.5吨的巨石砌成，用料达230多万块。石块之间没有任何黏合物，完全靠石块本身的重量压在一起，直到现在人们都难以把锋利的刀刃插入石块的缝隙里。胡夫金字塔至今已历经近5000年风雨，但塔基、塔身依然坚固如初，因此阿拉伯民间流传着这样的谚语："一切都怕时间，而时间却怕金字塔。"

金字塔的建造体现了埃及人民杰出的智慧和才能。据古希腊史学家希罗多德记载，埃及人开采石头时，先凿洞打入木楔，然后灌水使木头膨胀裂开石头；石

块先后用粗沙、细沙加水打磨，再垫上木橇拉到工地。关于修建塔身有两种传说，一种说法认为，巨石是通过台阶利用木杆一层层抬上去的；另一种传说认为，先堆起土山拉上石头，塔建成后再移走土山。不过近年来许多人对这些传说提出质疑，他们不相信在古代技术条件下，仅靠人的双手能建成如此宏伟的工程，因而提出种种假说。有的认为这是天外来客所为，有人则认为人类在远古曾有过高度发达的时期，而最近美国一位化学家通过实验提出，金字塔上的石块不是天然岩石，而是用石灰拌和流汁混合物注入木框中凝固而成。当然，种种猜测并未得到证实。

▲ 金字塔内部

金字塔上的惊人奥秘

埃及的金字塔被誉为"七大奇迹"之冠，其中最为壮观的一座叫胡夫金字塔，它的数据如下：

自重×1015＝地球的重量。

塔高×10亿＝地球到太阳的距离

塔高^2＝塔面三角形面积

底周长：塔高＝圆围：半径

底周长×2＝赤道的时分度

底周长÷（塔高×2）＝圆周率

你相信这些数字仅仅是巧合吗？

另外，穿过大金字塔的子午线把地球上的陆地、海洋分成相等的两半。金字塔基正好坐落在地球各大陆引力的中心。

还有，地球两极的轴心指向天空的位置每天都在变化，经过2.5827万年的周期，绕天空一周回到原来位置，而金字塔对角线之和，就正好等于25826.6。奇怪吗？

人们苦思冥想，如果不是巧合的话，4500年前的古代埃及人怎么有如此精确的测算呢？

谁建造了狮身人面像

狮身人面像高22米，长57米，连耳朵也有2米长。这样一块巨石竟然被雕刻得如此栩栩如生，它究竟是什么人造的呢？

有人说这是恶魔斯芬克斯的塑像，埃及国王克瑞翁为了让人们记住这个魔鬼，就在它时常出没的地方刻了这座雕像。也有人认为这是巨石天然形成的。据说3400年前，埃及王子托莫在此休息，梦中出现一个怪物，请他挖掉覆盖在它身上的泥沙，王子惊醒后找人挖开沙丘，果真发现了这块巨石，也就是今天的狮身人面像。

以上都是民间传说，有的学者根据史料推断狮身人面像应建造于公元前2240年，是埃及国王哈夫拉在巡视金字塔之后发现了一块被丢弃的巨石，就让工匠照自己的样子雕成了此像。而美国考古学家则认为，此雕像上的人面是1万年前的法老凯夫伦的面容。

爱的象征——泰姬陵

泰姬陵位于印度北方邦的亚格拉市郊区，距新德里195千米。泰姬陵是印度莫卧儿王朝第五代皇帝沙杰汗为其爱妻慕玛泰姬·玛哈尔修建的。传说慕玛泰姬·玛哈尔多情美貌，很得沙杰汗的宠爱。在一次出巡途中，她因难产而不幸去世。在临终前，沙杰汗皇帝答应为她兴建这座陵墓。

泰姬陵始建于1631年。施工期间，每天动用2万名工匠，共耗费了4000多万卢比，历时22年才完成。泰姬陵墓修建在一座7米高、95米长的正方形大理石基座上，寝宫居中，四角各有一座40米高的圆塔。寝宫总高74米，上部为一高耸饱满的穹顶，下部为八角形陵壁。四扇高大的拱门门框上用黑色大理石镶嵌了半部

神话故事中的斯芬克斯

许多学者认定，埃及金字塔旁的狮身人面像，就是源于古希腊的斯芬克斯的传说。在古希腊的神话中，有一个怪兽叫斯芬克斯，它长着人的面貌狮子的身躯，整天蹲在山洞里，把守着一个交通要道。每当有行人经过这里的时候，它都要出谜语人猜：早晨四只脚，中午两只脚，晚上三只脚——打一动物。所有经过的人都回答不上来，斯芬克斯便以此为借口，把路过的人吃掉。后来，希腊青年俄狄浦斯经过这里，猜出了这个谜语的谜底——人。自以为聪明的斯芬克斯感到无地自容，便跳下悬崖自杀身亡。

《古兰经》经文。寝宫内精美的门扉窗棂，是由中国的能工巧匠雕刻的。寝宫共分5间宫室。宫墙上，珠宝镶成的繁花佳卉，构思巧妙，光彩照人。中央宫室里有一道雕花的大理石围栏，里面置放着泰姬和沙杰汗的大理石石棺。

登上墓顶凹廊平台，可以俯瞰亚格拉全城。陵墓东西两侧屹立着两座形式完全相同的清真寺翼殿，都用红沙石筑成，以白色大理石碎块点缀装饰。

泰姬陵建筑群的色彩沉静明丽。湛蓝的天空下，草色青青，晶莹洁白的陵墓和高塔在两侧赭红色的建筑物的映照下，显得如冰如雪。清亮的倒影荡漾在澄澈的水池中。当喷泉飞溅、水雾迷漫时，它仿佛闪烁颤动、飘忽变幻，景象尤其迷人。为死者而建的陵墓，竟洋溢着生的欢愉气息。

非洲独石教堂的奥秘

埃塞俄比亚是一个山地高原国，海拔在2500～3000米，有"非洲屋脊"之称。这里的高山几乎全是火山，火山灰同熔岩凝合在一起。石匠们在岩石上开凿出一座座教堂，最著名的是拉利贝拉岩石教堂群。初看起来，这些教堂像是用石块一块块砌起来的，但实际上每座教堂都是用一整块巨大的岩石凿出来的，因此也称这些教堂为"独石教堂"。建造独石教堂时，首先由经验丰富的工匠选择好面积达50～100平方米的大岩石，四周挖出沟壑，使它和山体分离出来，然后根据周密的设计，把它中间凿空，并精心地凿成教堂的模样。

拉利贝拉岩石教堂共有11座，分成3群，它们在布局、比例、风格上都各有特点，教堂间由地道、深沟和涵洞相连，这些教堂至今仍在使用，到教堂礼拜已成为当地村民生活的一部分，礼拜者多得惊人。

这些雄伟的教堂为什么要建在荒凉的山区呢？有人认为，这是为了安全和隐蔽，以防备入侵者的破坏；也有人认为，这是宗教上的原因，教堂必须同大地连成一体，伸向天空，从而把上界和下界连接起来；还有人认为，当时阿克苏姆王朝的一些先进建筑技术失传了，因此只能开凿岩石来建筑教堂。看来，荒凉山区的独石教堂还有许多奥秘未被揭开。

谁使婆罗浮屠重见天日

传说爪哇中部一座小丘上满布石刻佛像,当地副总督赖菲尔斯深信不疑,1814年派遣英军工程师科尼利厄斯前往寻找。科尼利厄斯来到那座毫不起眼的小山丘上,只看到树木灌丛和怪石,不禁满腹狐疑,但还是遵照副总督的命令,吩咐手下动手发掘。

他们在酷热的丛林中艰苦发掘了两个月,连根拔掉数以吨计的树木,运走一车又一车泥土,依旧一无所获。后来有个工人发现了一尊雕工精细的石刻佛像,于是众人精神大振,继续努力,终于掘出一座浮屠,远比传说中的雄伟壮丽,令人叹为观止。

爪哇从公元740年前后开始,由夏连特拉王朝统治,在统治者的提倡下,人民的宗教热忱与日俱增。到公元800年,有成千上万的人建造规模宏大、巧夺天工的浮屠。

浮屠呈金字塔形,占地四亩,共分10层,每一层代表一个阶位,象征佛教徒从无知到最高境界的修行过程:底下六层为方坛,代表修行的最初阶段;上面四层为圆坛,象征渐次悟道的阶段;最高的是中央主佛塔,高出地面36米多,标志修行的最高境界。

从底下穿过全部廊道登上浮屠顶,全长4.8千米,回廊短小,转弯处成直角,雕带上

▼ "婆罗浮屠"意思是"山上的寺庙",依整座山的山势建成。工匠雕凿1600多立方米石块,建成了这座寺庙。其宏伟气势,只有在空中俯瞰才充分体会得到。

刻有寓言故事，表达佛教的教义。整座浮屠满布壁龛，共有佛像数百尊。

婆罗浮屠完工后，成为夏连特拉王朝最重要的宗教圣地。公元930年，祸从天降，邻近的麦拉皮火山大喷发，涌出大量熔岩和火山灰，一夜之间把整座婆罗浮屠掩埋得严严实实，不留痕迹。

婆罗浮屠深埋地下近一千年之久，直到赖菲尔斯因传说产生好奇心，派人发掘，才得以重见天日。

谁建造了峭壁建筑

美国科罗拉多州的峡谷之中有一片神奇的建筑群落。这些神奇的建筑就是印第安人阿纳萨扎伊部落的峭壁建筑群落。他们的所有建筑都修在峭壁之上，是北美著名的文化遗址。

阿纳萨扎伊部落在13世纪离开了这片土地，不知去向。

据考证，这个神秘的印第安部落从2000多年前就开始在这里修建他们的居住地，到了公元1050年，他们就已经在这里建成了12座城镇。从那时起，这里就已成了这个部落的宗教、政治、商业中心，是一个具有5000多居民的核心居民点。

尽管这个北美印第安人的古代聚居地已经废弃了700多年，但是，建筑物并没有遭受太大的损害。今天人们看到的峭壁建筑共有500多幢。其中，被称为"峭壁王宫"的最大建筑物约建成于11世纪。它有

200个房间，是用了几十万块扁石头和2万多条松木十分考究地修建起来的。

在峭壁王宫的周围，盖有许多地下室，这些地下室都是圆形的屋子，人们称它为"凯沃"。考古学家们认为：地下室是供部族内部进行社交活动和敬神用的，居民的炊事和其他家务活动则都是在露天庭院中进行的。

在这里名列第二的峭壁建筑被称为"云杉木屋"，建于12世纪。它有100多个房间，而且也是建在悬崖峭壁之上的。

在这些建筑中还有专门用于敬神的太阳庙以及阳台屋、雪松塔、落日屋、方塔屋、回音室等等。

在峡谷两侧的坡地上还保留着峭壁居民开辟的梯田，谷底有他们修建的水池。在这里还发现了一些由他们制作的各种造型精巧的陶器。

大量考证表明：阿纳萨扎伊人身体强壮，身高也不低于同时代的欧洲人。

这就使人难以理解，这些具有发达文明和强健身体的人们，为什么要选这样一个频频发生旱情的荒凉峡谷作为本部落的生存之地？为什么要把房屋都修建在峭壁之上，后来又是什么原因使他们放弃了这块世代居住的地方？这一直是个难解的谜。

马丘比丘之谜

马丘比丘是秘鲁一个著名的印加帝国的遗迹，距库斯科130千米，整个遗址高耸在海拔2350～2430米的山脊上，俯瞰着乌鲁班巴河谷，也是世界新七大奇迹之一。城堡面积约为13平方千米，里面道路纵横交错，各种建筑气魄宏伟，金字塔耸立，

▲ 马丘比丘被称作印加帝国的"失落之城"。"马丘比丘"在印加语中意为"古老的山巅"。古城海拔2280米。由于其圣洁、神秘、虔诚的氛围，马丘比丘被列入全球十大怀古圣地名单。

塔顶上有祭祀太阳神的庙；殿宇和房屋都用巨石砌成，还有蓄水用的井。城堡的城墙用巨石砌成，还有蓄水用的井。城堡的城墙用巨石砌成，每块足有100吨重。此外城堡还有许多出土文物，最著名的是一块巨石圆盘做成的日晷，是计时用的"古钟"。城堡遗迹显示了古代印加人非凡的智慧和高超的技艺水平。

马丘比丘是古印加帝国时建造的，距今已有2000多年。印加人在这里创造了灿烂文明，后来不知何时它变成一座空城，隐没达400多年。16世纪哥伦布发现美洲大陆，西班牙人和一些探险家曾长期寻找它，没有发现任何踪迹。1911年，美国历史学家海勒姆·宾加曼发现了它，使这块秘鲁古代文化的瑰宝得以展现人们面前。

武当山金殿

举世闻名的武当山宏伟、壮观，而位于其主峰——天柱峰上的金殿更是让人赞不绝口。

天柱峰上，金殿在日光下显得更加辉煌壮丽，光彩夺目，所以，人们就把天柱峰顶称作"金顶"。

金殿的神奇，不仅在于它的建筑难度，还由于在它建成后的500多年里，金殿中出现了一些令人费解的现象。

其一是"神灯"。金殿内有一盏常明油灯，已经不间断地点燃500多年了，从来没有熄灭过，峰顶的风沙似乎对它没有任何影响。即使是殿门大开，山风狂起，"神灯"仍然会安然无恙地在那里燃烧着。

其二是"祖师出汗"和"海马吐雾"现象。这是指每当大雨即将来临时，殿内神像上就出现许多水珠，就像是人汗流浃背的样子，而金殿顶上的脊饰物海马口中就"吐出"团团白雾，还"喂喂"有声，就像真马对天嘶鸣。

▲ 武当山金殿

其三是"雷火烧殿"。每当雷雨来临时，金殿四周便出现脸盆大的火球来回滚动，虽然电闪雷鸣，震天动地，却丝毫无损于金殿。而且雨过天晴后，人们便会发现，金殿的污垢都没有了，显得更加辉煌。

金殿的精湛技艺令人赞叹不已，同时也希望后人能早日揭开这一个个让人疑惑不解的谜。

玛雅人为何建造金字塔

埃及的金字塔是举世闻名的，而且人们也都知道，这些金字塔是古代埃及法老的陵墓。但是同样享有盛名的美洲金字塔，究竟是为什么而建就没有人能说得清楚了。在危地马拉的热带丛林中，有一座被遗弃的古城蒂卡尔，古代的玛雅人在这里用石头和石灰做建筑材料，建成了许多壮观的金字塔。这些金字塔一般为斜截锥形，由高大的台基及顶端的神殿构成，外观十分匀

▲ 玛雅人建造的金字塔复原图

称。其中有的金字塔高达40米，斜面筑有石阶。

在玛雅文化的另一处著名遗迹——尤卡坦半岛上，著名的库库尔坎金字塔，又使人领略了另一番意境，这座金字塔高30米，平面为正方形，底大上小，塔身呈阶梯状，共分9层，顶上建有高达6米的神庙。塔的四面有宽阔的石阶，石阶两旁有1.35米高的扶墙，在朝北的两堵墙下，各雕刻一个巨大的长羽毛蛇头，每年秋分时节和春分时节，玛雅人都要在此载歌载舞，欢庆蛇神的降临和离去。而在这两个日子里，阳光照在金字塔上，都要出现一番光影奇景。玛雅人为何要建造金字塔？如此奥秘神奇的金字塔又意味着什么呢？所有这些，都让人产生无尽的遐想。

高原圣殿——拉萨布达拉宫之谜

布达拉宫在西藏拉萨西北的玛布日山上，是著名的宫堡式建筑群，藏族古建筑艺术的精华。

布达拉宫始建于公元7世纪，是藏王松赞干布为远嫁西藏的唐朝文成公主而建。宫堡依山而建，现占地41万平方米，建筑面积13万平方米，宫体主楼13层，高115米，全部为石木结构，是藏族古建筑艺术的精华，被誉为高原圣殿。

布达拉宫依山垒砌，群楼重叠，交相辉映，红、白、黄三种色彩的鲜明对比，分部合筑、层层套接的建筑形体，都体现了藏族古建筑迷人的特色。布达拉宫是藏式建筑的杰出代表，也是中华民族古建筑的精华之作。

宫内收藏了西藏特有的、在棉布绸缎上彩绘的唐卡，以及历代文物。作为藏传佛教的圣地，每年到布达拉宫的朝圣者及旅游观光客不计其数。因为在人们心中，这座凝结藏族劳动人民智慧又见证了汉藏文化交流的古建筑群，已经以其辉煌的雄姿和藏传佛教圣地的地位绝对地成为了藏民族的象征。

▲ 布达拉宫

文化奥秘

文化如水，清明澄澈，它汇聚涵养，在万千的变化中滋润着万物。文化如山，巍峨峥嵘，它逶迤磅礴，在千姿百态中传承着文明和力量。人类的每一次进步都表现为文化的进步，它是民族精神和民族素质的纽带，熔铸着民族的血脉和灵魂。

文字起源之谜

　　文字是现代社会不可缺少的交流工具，但文字的起源，并不是一个能轻易下结论的问题。

　　被古文字学家确认为最古老的图画文字是公元前3500年左右，出现在人类文明发祥地之一的美索不达米亚地区。在一块几英寸见方的大理石碑上，两面12个左右的图画清晰地表明这里记载着一个重大事件。在图画文字之后，出现了具体与抽象相结合的"画谜文字"，绝大多数考古学家认为这种文字形式出现在公元前1800年的两河流域地区。音节文字很可能是字母文字最终形成前的一个阶段，处在这一阶段的文字有：公元前3100年的苏美尔文字、公元前3000年左右的埃及文字、公元前2200年的原始印度文字、公元前2000年的克里特线形文字、公元前1500年的赫梯文字、公元前1300年前后的甲骨文字。字母文字是文字发展的最后一个阶段，标志着文字规范化的到来。有些学者认为，巴勒斯坦和叙利亚等地使用闪米特语的人，采用了埃及的词汇符号并且使用了词汇的第一个发音而发展了包括某些确定的元音在内的字母文字。但美国学者格尔帕却认为，第一个能被公正地称之为字母文字的是希腊语，希腊语充分地接受了闪米特语的音阶表，发展了元音制度，首创元音与辅音的结合，第一次创造了完备的字母文字体制，是公元前9世纪。而另一些研究者却认为早在公元前1800年，这一伟大创造就已完成了。

　　关于文字的起源时间、地区、形式等总有许多难以确定的争论，很难理出一个整齐划一的发展阶段。

▲ 我国商代甲骨文记载日食的文字

▲ 公元前5世纪的希腊文字

玛雅文化之谜

玛雅文化是人类已知最早的古文化之一，早在公元前3000年的时候，玛雅文化就在美洲发展繁荣起来。但不知什么原因，约在1000年前，玛雅文化突然中断，玛雅人在地球上神秘地消失了。

16世纪初，西班牙人来到墨西哥东南部的尤卡坦半岛，他们意外地发现，岛上隐蔽着一些宏伟宫殿的废墟，残存着繁华都市的遗迹，更有令人惊叹的巨大金字塔和神庙。而当时在岛上生存的，只有以树叶蔽体、过着以采集狩猎为主的原始生活的印第安人。这种文明与落后的反差景观，令西班牙人大惑不解。更令他们难以置信的是，在半岛上

▲ 玛雅文明遗迹

还矗立着一座长180米、宽150米、高13米的巨大建筑，它是用10000多吨石料建成的，古壁上有一道3米宽的石刻绶带，围住了整个建筑，石带上刻有150个蛇形神面具，是用22000多块石头拼成的，每块石头的大小和花纹都十分精确，差之毫厘，这些石头都无法拼接。岛上的"太阳"和"月亮"金字塔，气势非凡，直冲云天。后来，经过考古学家的考证，尤卡坦半岛上的文化遗迹，正是消失了的古代玛雅人留下的。实际上，玛雅人的文明创造不止如此，他们在数学和天文学方面的创造，都远早于欧洲人的发明，他们所独创的太阳历，把一年分成365天，已与现代历法十分接近。

▲ 公元7世纪的玛雅人的面具

南越王的宝藏之谜

赵佗是秦汉间著名的历史人物，他原为秦朝将领，秦朝末年，中原动乱，赵佗在岭南建立了割据政权——南越国，自命为南越武王。他治国有方，不久，岭南一带便逐渐繁荣起来。

公元前137年，赵佗以百岁高龄寿终，他在生前就对自己的后事作了十分周密的安排，选择了迥异于当时习俗的方法，秘密埋葬。为防

▲ 广州南越王墓龟鳖石池入口

盗墓，还设了许多疑冢，因为在赵佗的墓中，埋藏了大量他生前喜好的奇珍异宝。

由于赵佗的墓地十分神秘，其确切地点一直说法不一，而其墓中的宝藏更令许多人心驰神往。三国时期，吴主孙权为找南越王的宝藏，派特使吕瑜带兵数千人，到岭南一带，凿山破石，掘地三尺，几乎刨遍了广州附近的大小山冈，结果一无所获。此后，历朝历代又有不少人，根据各种记载，前来岭南寻宝，但都是枉费心机。

30多年来，随着现代考古学的发展，赵佗墓成为考古工作者的重点考察对象。他们在广州找到了数百座南越王国的墓葬，出土了不少有价值的文物，但仍

▲ 广州南越墓出土的
大型玉饰

然找不到赵佗之墓的影踪。1983年6月，考古工作

▲ 广州南越王墓出土的陶船

者在广州的北象岗发现了赵佗之孙南越文王的大型石室墓，此墓凿山为陵，深藏于象岗腹心20米处。

这一重大发现，极大地鼓舞了考古工作者，增添了他们对寻找赵佗墓的信心。过去，大家一直以为赵佗墓会离广州城很远，通过南越文王墓的发现，大家又有了新的认识，推测南越王之墓也可能就在广州城附近越秀山下。我们期待着南越王的宝藏得以早见天日。

世界上是否存在过巨人族

在许多神话中，都存在过巨人的传说，例如希腊、印度等古老的神话故事里就有此类传说。而一些古历史学家在著作中竟也提到过巨人的存在，这就不能不让人认真地思考巨人是否曾在这个世界上存在过。在历史学家西罗多德的《波斯战史》中，记载了发现身长2.5米的人体骨骼的事情，而这件事距今约为2400年。巨人的身高与我们今天的最高者也相差不多，因此，一些古人类学家从已经绝迹的直立猿人和大型猿人的考察角度提出，巨人族在地球的某一特殊地区还可能继续生存。

几年前，巴西的一位科学家奥兰多在圭亚那高原原始森林中探险时，意外地发现了6群平均身高2.5米左右的巨人，当奥兰多想要接近他们的时候，那些巨人向他抛出了石块，奥兰多只好逃走。19世纪末，一位学者在马来半岛探险，听说当地有巨人，便深入到半岛腹地考察，虽然没有亲眼见到巨人，但看到了据说是巨人们使用过的棍棒，这些棍棒几个普通人也拿不动。

当然也有许多人反对巨人存在的说法。在爪哇、非洲东部和南部、中国南部和印度等地，发掘出土的许多直立猿人和大型猿人的遗骨，并不被看成是人类，考古学家只把他们划入类人猿的一种，而不是人类的直系祖先。前苏联一位学者雅基莫夫博士根据这些类人猿骨

▲ 巨人族

骼的大小，推算出他们的体重在500千克以上，由于头盖骨和大脑的生长跟不上躯体的发展就逐渐停止进化了，没有进化为人类的机会。

关于巨人族是否存在的问题，至今无法拿出一个有权威性的结论，而世界各地每隔一段时间都要出现的目击到巨人族的报告，无疑会激发人们解开这一世界之谜的兴趣。

奥尔梅克文化之谜

奥尔梅克是一支被遗忘了的文化，早期的西班牙和印第安史学家曾描述过生活在中美洲的古代奥尔梅克人：文身、黑齿、剃发、蓄须。但不知什么原因，他们逐渐被遗忘了，直到进入20世纪40年代才被重新发现，受到学者们的关注，但至今也没有人能揭开这一民族文化的神秘面纱。

在奥尔梅克人遗址有许多形状不同、用整块巨石制成的雕刻品，体积宏大，造型奇特生动。最令人惊叹的是那些巨大的人头雕像，高达2.5米以上，重量超过30吨，用玄武岩雕成。有意思的是，在奥尔梅克人的住地，找不到这些雕刻的原料，需要跋山涉水到很远的地方才能采集到这些石料，真不知在原始生产条件下的奥尔梅克人是如何搬运的！这些大雕像面部扁平，眼睛具有蒙古人的特征，眼球突出，眼皮沉重，鼻子平阔，嘴的特征最为奇特，半张着，露出牙床，上唇平而翘起，下唇呈现弯曲状，与美洲虎的嘴部特征颇为相近。据说美洲虎是奥尔梅克人的崇拜物，因此一些人猜测，这些石雕的用途与宗教崇拜祭祀有关。

目前，学者们还没有考证出奥尔梅克人的起源，但相信他们与所有的中部美洲人一样，可能是来自北方，在种族上属于蒙古人的分支。但是他们是如何来到美洲的，从什么地方发展起其独特文化的，与其他种族是

▲ 奥尔梅克的巨石头像

如何相互影响的，还都没有确切的答案。"奥尔梅克"一词的原意是橡胶地区的居民，而根据16世纪编年史家和历史学家的材料，奥尔梅克人不仅居住在产橡胶的地方，还分布在墨西哥的高原地区，其极盛时期约在公元前1200～公元前500年之间。关于奥尔梅克文化的独立性是最令人难解的，许多迹象表明，奥尔梅克文化对古代中美洲其他文化的形成和发展影响很大，被称为这一地区的文化之母，但20世纪80年代初的考古研究又发现，那里的玛雅出土文物比奥尔梅克文化的存在早近千年，这两种文化之间的关系就很难解释了，甚至有些学者怀疑，历史上的奥尔梅克人作为一个独立的民族存在的可能性有多大；而大多数人坚信奥尔梅克文化是独立存在的。

岩壁泼水现字之谜

四川省仁寿县境内的黑龙滩风景区，素有"蜀中西湖"之称。在黑龙滩风景区尾部与五里桥码头遥遥相对的地方，有一处岩壁。壁上刻一石龙，长约15米，半浮于水面，半隐于水中。风起浪涌，石龙似乎浮水拥浪而来，蔚为奇观。令人更感神奇的是，石龙左上侧凿有一尊身高约8米的佛像，体态匀称，神情怡然。佛像两侧的岩壁和古碑一样，光洁如新，了无痕迹。如果游人掬水泼其上，右侧石壁立显几行墨笔楷书大字，风格遒劲，笔画清楚；左侧石壁，则显现一幅功力深厚的墨竹画。随着水渍渐消，这些字、画又渐渐隐没。两石壁上无墨迹与刻痕，为什么泼水其上即能现出字画？据传，这壁上字画是北宋名画家文与可在熙宁三年（公元1070年）用一种特殊材料制成的墨写画在石壁上的。

无独有偶，湖南省桑植县新街乡也有一块"显影石"。石长3尺，宽1尺多，高5寸，石面光滑。人们只要在上面倒上一碗清水，

▲ 黑龙滩风景区

石面上很快就会显现出四棵饱含水汽的松树影子，过两三分钟后，这些影子又渐渐消失。这种现象及原因尚待解释。

河南省永城县的芒砀山上，有一块"斩蛇碑"，相传当年汉高祖刘邦在此斩过一条大蛇。夜间，当游览的人们用汽车灯照射"斩蛇碑"时，它的一面便显示出一位古代武士的形象；手持宝剑，威风凛凛，即人们所传说的当年汉高祖刘邦的斩蛇形象。白天，却看不出碑上有任何隐形人像的痕迹，只有字迹。此碑的奇特现象，被称为"华夏一绝"。

对于这一景观之谜，有的学者说是因为光学原理，即石匠在刻碑时，留下点点深浅不同的印痕，经光线直射，形成明暗反差，构成人像。但到底真相如何，还需科学探索。

日本女孩节的特点

日本人把每年的3月3日定为"女孩节"，这时候正值桃花盛开，所以这个节日又叫作桃花节。女孩节在日本已有600多年的历史了，早先这个节日只在贵族和武士阶层中流行。

日本的女孩节最显著的特点就是制作偶

▲ 日本木偶人

人。节日这天，要用桃木雕刻小偶人，放在女孩的床头和枕边，作为保护神，为她驱鬼镇邪、消灾灭病，以后偶人越做越大，直到与真人大小一模一样，成了女孩节特有的摆设物了，因而女孩节也叫作偶人节。随着时代的变迁，偶人的制作也越来越讲究，原来只有单个偶人，如今成为男女一对偶人，有的还配上女仆、差役等，还有的

▲ 日本的小女孩

又配上了奏乐手和各种姿态的艺妓。

每年的3月3日，所有的父母都要为自己的女儿举行庆祝仪式。有的老人，当知道自己的女儿又生了女孩后，就立即去为外孙女购买偶人，也有的人家，把偶人和新娘的嫁妆一起带到新家庭。

目前，随着人口的增长，小家庭的增多，居住面积受到限制，再加上摆在家中的电器设备不断增加，在这样的房间里，再摆上一套大偶人是十分困难的，于是人们开始制作和陈设体积小的偶人。

现在，还有不少人开始学着自己制作小偶人了。也有的地方并不把小偶人作为装饰品，如日本的鸟取、岗山、广岛、奈良、歌山等县，他们把人的灾祸、厄运托与小偶人，然后把这些小偶人放入江河湖海中，任其漂流而去，以祈祷自己平安无事。

太阳门的由来

蒂亚瓦纳科文化是公元5～10世纪之间影响今天秘鲁全境的重要文化，这一文化的象征——太阳门，由重达百吨以上的整块巨石雕刻而成，高3米多，宽近4米，中间是一个门洞，门楣中央刻有一个人形浅浮雕，头部放射出许多道光线，双手各持着护杖，两旁平列着三排48个较小的生动形象，上下两排是带有翅膀的勇士，中间一排是人格化的飞禽，整个浮雕展现了一个深奥复杂的神话世界。据说每年9月21日黎明的第一道曙光，总是准确无误地射入门中央。印加人创造这一文化的时代，还没有使用轮子的运输工具和负重的牲畜，能造出太阳门这样宏伟的建筑确实令人不可思议。

关于太阳门的建造，当地有两种传说：一种传说是，一双看不见的手在一夜之间造起了太阳门；另一种传说是，太阳门周围的雕像原是当地的居民，后被一个外来朝圣者变成了石头。

▲ 太阳门（局部）

▲ 太阳门

为了弄清蒂亚瓦纳科文化的秘密，一位美国考古学家经过科学考证认为，太阳门等建筑在公元1000年前建成，这里原是宗教圣地，朝圣的人们跋山涉水去那里举行朝拜仪式，并在朝拜时带来了建筑材料，建筑了太阳门等宏伟建筑。但无法解释的问题是，以当时的生产力水平，把上百吨重的巨石从5千米外的采石场拖到指定地点，至少需要26000多人的庞大运输队伍，而这些人的食宿问题要有一个大型的城市来解决，而当时是绝对没有的。据此有人提出，是不是用船在湖上把石料运来的？据考证，当年附近是有湖的，但即使这一说法成立，那运石所需要的船则要比几个世纪后侵入到这里的殖民主义者的船还要大好几倍，这简直就是不可想象的事情。

由于对太阳门的建造争来论去总无定论，因此也不时有人提出一些异想天开的说法，例如有人就提出太阳门是外星人造的一扇通往外星的门。

艺术奥秘

艺术，是人们为了更好地满足自己对主观缺憾的慰藉需求和情感器官的行为需求而创造出的一种文化现象。艺术，是人们在日常生活中进行娱乐游戏的一种特殊方式，又是人们进行情感交流的一种重要手段。

《富春山居图》哪里去了

元代大画家黄公望(字子久)，78岁高龄时作了一幅山水画卷《富春山居图》。此画尽描富春江两岸旖旎景色，其间树木苍苍，峰峦叠嶂；村舍、亭台错落有致；渔舟、小桥、流水潺潺……《富春山居图》是我国绘画史上享誉盛名的一代佳作。此画卷初由明代画家沈石田收藏，后传至董其昌手中。董其昌还在画卷上题写了跋文。几经辗转，《富春山居图》又由吴之矩传给其子吴洪裕。

▲ 《富春山居图》（局部）

不久，清军入关。兵荒马乱之中，《富春山居图》失散民间不知去向。时值清康熙年间，皇宫内府偶得黄公望《山居图》，将其深藏于内宫。乾隆年间，一日，乾隆检查内宫藏画，见有黄公望作《山居图》，甚喜，钦定此画为《富春山居图》真迹，虽然画题少了"富春"二字，还是在画上盖了"御览"宝印。不曾想时隔不久，另有人进献《富春山居图》一幅。乾隆看后大为不悦，断定此进献之作非黄公望真迹。乾隆还命吏部尚书在此画卷上书写贬语以鉴真伪。

乾隆皇帝倒是干净利落，一锤定音。但是，业内权威人士对此却另有成见。据黄宾虹对潘天寿讲："后进献之《富春山居图》确系子久真迹，乾隆为顾全面子，故意搬弄是非而已。"

《富春山居图》亦真亦伪，还须有人拿出根据讲个清楚。

《维特鲁威人》包含什么秘密

维特鲁威是公元1世纪初一位罗马工程师的姓氏，他的全名叫马可·维特鲁威。当时他写过一部建筑学巨著叫《建筑十章》，其内容包括罗马的城市规划、工程技术和建筑艺术等各个方面。由于当时在建筑上没有统一的丈量标准，维特鲁威在此书中谈到了把人体的自然比例应用到建筑的丈量上，并总结出了人体

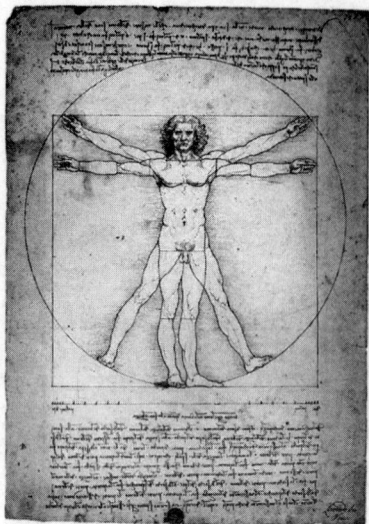

◀ 此画的构图由一个圆圈、一个正方形和一个裸体男人构成。正方形下边的边线外切于圆周，外切点刚好是这条边线的中点；人体仰面躺在圆圈与正方形相重合的范围内，头部的顶点与正方形的上边线相切，切点也正好是边线的中点；两脚并拢于圆圈与正方形下边线的切点上，躯干与正方形的上下两边的边线垂直，两手平伸成180度，两手的指尖刚好抵达正方形左右边线，并与之垂直。在此基础上，人体在画面中又摆出第二种姿势，两脚分开，脚掌面与圆圈相交；两手上举至正方形上边线与圆周的交汇点上，刚好与头顶同高。整个人体，无论是第一个姿势还是第二个姿势，都在圆圈和正方形内显得十分对称。

结构的比例规律。此书的重要性在文艺复兴时期被重新发现，并由此点燃了古典艺术的光辉火焰。在这样的背景下，达·芬奇为此书写了一部评论，《维特鲁威人》就是他在1485年前后为这部评论所作的插图。准确地说，这是一幅素描。问世以来，一直被视为达·芬奇最著名的代表作之一，收藏于意大利威尼斯学院。

人们看重这幅画的对称与谐调。许多年以来，这幅画作的基本构图被视为现代流行文化的符号和装饰，广泛应用于各种招贴画、鼠标垫和T恤衫。其实，显示人体的对称美，并不是这幅画作的全部意图。细心的人还会发现，在人体的轮廓线之外，躯干和四肢上还画有一些切线。这些切线都画在人体的关键部位：躯干的切线分别在膝关节、生殖器根部、胸部(切线与两个乳头相交)和两个肩头之间。在两手平伸的姿势中，分别在两手的腕关节、肘关节、肩关节也描着切线。这些切线是人体结构的分割线，用以说明人体结构的某些规律。在画面上端和下端的空白处，是达·芬奇亲笔写下的注解文字。这些文字是理解这幅画作的关键。然而在过去的许多年中，这些文字一直未引起中国艺术史学家的足够重视。

《查理四世一家》的"画外之音"

弗朗西斯科·戈雅是18世纪末期享誉全球的西班牙绘画大师。戈雅的画作造诣深邃，技艺精湛，堪称世界艺术珍宝。

▲ 《查理四世一家》

西班牙国王查理四世，是个喜好他人阿谀奉承的家伙。当他见到戈雅创作的《查理四世一家》这幅画时，简直高兴至极，他马上授戈雅为"宫廷第一画师"。明快和谐的光线，错落有致的布局，交相辉映的着装，各具神态的表情，尽显珠光宝气富丽堂皇。一幅惊世之作，博得查理四世国王的欢心，也给世人留下说不清道不尽的话题……

前苏联学者阿尔巴托夫认为，《查理四世一家》这幅作品，是"戈雅以当时所绝无仅有的勇敢揭露着当代社会的沉疴痼疾"。美国艺术史学者托马斯史弟，在其《大画家传》一书中坦言：《查理四世一家》是"一幅衰微的王室的图画"。

艺术家指出的戈雅的"画外之音"，查理四世国王及其家族却全然不知。就连那些嫉恨戈雅荣登"宫廷第一画师"宝座的幕僚们，对此也仅仅是愤愤不平而已。如果当时宫廷内有谁发现这幅画有弦外之音的话，那戈雅恐怕就要倒楣了。

戈雅是否真有勇气抨击至高无上的君主？戈雅与查理四世及王族是否有深刻的矛盾？在世人的眼里，看不出《查理四世一家》这幅画对王室有什么不恭，更难以确定作品所包含的讽刺意义。大概只有戈雅自己才知道创作这幅画的真正意图，但他却始终没有说出来。

玛哈是谁

西班牙绘画大师弗朗西斯科·戈雅画了两幅传世之作，一幅是《着衣的玛哈》，另一幅是《裸体的玛哈》。

戈雅的这两幅画，堪称世界艺术宝库的奇葩。他笔下的玛哈，不管是穿衣也好，全裸也罢，都为后人所熟知。

这不朽的"玛哈"是谁？还真有许多耐人寻味的故事……故事之一：西班牙宰相戈多伊请戈雅为他的宠姬画一幅全身像。戈雅对这位宠姬的漂亮身材惊诧不已，于是画了一幅全裸体画。戈多伊闻知此事，自感受到戈雅的亵渎，去找戈雅算账。而当他突然闯入戈雅画室时，却看到是一幅

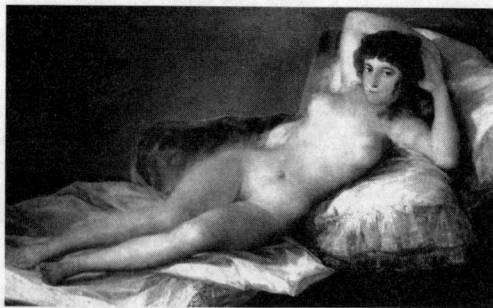

▲ 《裸体的玛哈》

《着衣的玛哈》。原来戈雅听到风声，迅速补画了这幅画才得以过关。故事之二：戈雅的朋友、西班牙有名的大富商，请戈雅为其夫人作画。戈雅见富商夫人美丽无比，遂说服这位夫人，为其画了一幅裸体像。不久此事泄露，富商一怒之下，要找戈雅决斗。但当他冲进戈雅的画室时，却见到是一幅衣着华丽的贵夫人像，使这位怒火中烧的富商颇为尴尬。后来据知情人透露，戈雅有意画了一幅着衣的和一幅全裸的画，以此防备，避免引起事端。

也有许多人认为，戈雅笔下的"玛哈"，其原型就是戈雅早期的情人、美丽的

▲ 《着衣的玛哈》

阿尔巴公爵夫人。因为在当时的社会条件下，如不具有特殊的亲昵关系，画裸体画在客观上几乎是不可能的。

有关对"玛哈"原型的推测多种多样，各种传说也都绘声绘色。从中我们是否可以看出，戈雅因为喜欢"玛哈"，所以将女性的美都集于她一身呢！

《伊凡雷帝杀子》是否真实

俄罗斯著名画家列宾有一幅作品《伊凡雷帝杀子》。这幅画堪称列宾的杰作。

从这幅画上我们看到，俄国历史上的第一位沙皇——伊凡雷帝，一只苍老

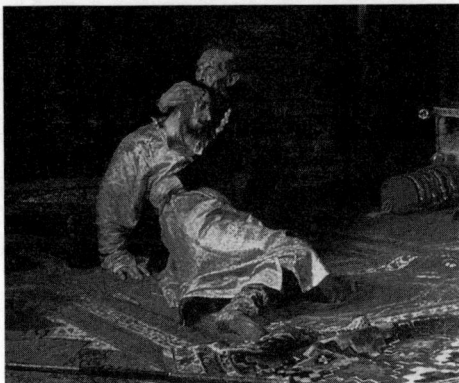

▲《伊凡雷帝杀子》

的手抱着奄奄一息的亲子伊凡，另一只手摁住儿子流血的伤口。伊凡皇太子已无力支撑自己的身体，眼里只有一丝绝望。伊凡雷帝目光呆滞，脸上流露出懊悔与无可奈何。整个画面在昏暗、静寂、沉重的气氛笼罩之下，使人感到窒息。

列宾的这幅作品，叙述了一个悲剧故事。

晚年时期的伊凡雷帝，性情乖戾，疑心重重。他时常感到太子伊凡有欲夺皇位之意，父子关系日愈紧张。这一日，伊凡太子的妻子叶莲娜仅穿一件薄裙在宫内走来走去。叶莲娜的衣着，违反了宫廷传统的服饰惯例，伊凡雷帝见后大发雷霆，伸手打了儿媳叶莲娜。叶莲娜受到这突然的惊吓，刚刚怀孕的她便流产了。伊凡太子闻听此讯，当即勃然大怒，痛斥伊凡雷帝施暴。伊凡雷帝无法容忍儿子的指责，举起手中铁头权杖向伊凡太子刺去，权杖正中伊凡的太阳穴，顿时鲜血直流，不久，伊凡太子就一命归西了。

对于伊凡雷帝怒杀亲子的说法，有人提出了反对意见。

苏联的一位历史学家曾指出，伊凡父子确曾发生过激烈的争吵，但是伊凡雷帝只是在伊凡太子身上敲了几下，并未造成伤害。太子伊凡的死，是因其爱妻遭辱、胎儿流产与憎恨其父的多种原因导致心理压抑，最终患病不治身亡，与伊凡雷帝的行为并无直接关系。看来，太子伊凡的死因还需要深入研究。

《无名女郎》的真实身份

克拉姆斯科依的肖像画《无名女郎》是众所公认的惊世骇俗之作。

凡有幸一睹该画风采的人，无不为其深刻的艺术感染力所震撼。那冬日的早晨，覆盖着白雪的建筑，晨曦衬托之处，一位端庄、美丽的女郎坐在马车上。那神情，矜持中不失妩媚，沉静中透着风情。

克拉姆斯科依的《无名女郎》，她的真名是什么？人们关注着、猜测着。有人曾断言，画家克拉姆斯科依初恋的少女是画像的原型。大画家对初恋，一生都未能忘怀，他将所有的思念之情都集于笔端，他为了心中永远的纪念，创作了这幅作品，他没有署上名字，主要是考虑那一切都已成过去。而有人则说，《无名女郎》本是作家托尔斯泰笔下的安娜·卡列尼娜。克拉姆斯科依与托尔斯泰是一对好朋友。由《安娜·卡列尼娜》一书的感染而激发出的创作激情，使画家对安娜·卡列尼娜情有独钟。他用画笔记下安娜·卡列尼娜的美丽，这在情理上也是顺理成章的事。但是，克拉姆斯科依的学生列宾，则另有一番论点。他认为，《无名女郎》并不是一幅肖像画，而是纯粹的创作画。画面中的人物并不是哪个模特的再现，而是画家心目中所有理想的、美丽的女性。列宾的说法可靠与否还无法印证。但是，我们从克拉姆斯科依笔下《无名女郎》那独具特色的神态中，似乎感觉到其背后总应该有一个真实名字的存在。

▲ 《无名女郎》

古希腊的雕塑为何都是裸体

只要人们稍加注意，就会发现一个问题：古希腊的雕塑，都是以裸体形式出现的。

何以如此呢？借用大艺术家罗丹的评价："希腊人这种特有风气产生了特殊的观念。在他们眼中，理想的人物不是善于思索的头脑或者感觉敏锐的心灵，而是血统好、发育好、比例匀称、身手矫健、擅长各种运动的人体。"正因为古希腊人特有的这种对

▲ 《拉奥孔》是著名的古希腊雕塑作品，由3位雕塑家合作于公元前1世纪中叶。

裸体美的尊崇，所以，当少女们与其他青年或壮年男女一样，赤身裸体在竞技场上相互角逐，全然没有丝毫的羞涩感，而是充满着活力与愉悦，体现着人体与自然的和谐美。古希腊的裸体雕塑，向人们无声地展示了人体的力量美、结构美以及创造美。东西方文化对此都欣然接受，在理论上给予充分肯定。最近一个时期，我国的一些学者，大胆地提出了新的观点，认为古希腊裸体雕塑，并非源于裸体风俗，也不是单纯的崇尚自然的唯体美。而是西方社会文化背景下的性快乐主义风尚的产物。核心问题还是一种性刺激、性吸引、性渲染。不管怎么说，古希腊的裸体雕塑，是世界艺术宝库的瑰宝，至于它形成的真正历史原因，是需要专家们更深入地探讨的。

▲ 《掷铁饼者》是雕塑家米隆的代表作，也是古典雕刻现实主义的杰作。

断臂维纳斯重见天日

维纳斯是罗马神话中爱和美的女神，即希腊神话中的阿佛洛狄忒。大约公元前4世纪时，希腊著名的雕刻家阿海山纳在神话的基础上加以想象和创造，用大理石雕成了这一艺术珍品，但后来遗失了。1820年在密罗斯岛上，一个叫尤尔赫斯的农民在翻挖菜地时发现了一个神龛。里面有个半裸美女的雕像。尤尔赫斯非常惊奇，但并不知道这就是维纳斯雕像，便把它搬到家里。这时有两个法国海员刚巧来到该岛考察水文。他们看到这个雕像，但没有购买。几天后，他们的船到了伊斯坦布尔，在应邀到法国大使馆赴宴席间，讲起了尤尔赫斯的发现。法国驻土耳其大使立刻派大使馆秘书马采留斯前去收买。 然而在这期间，尤尔赫斯已把雕像廉价卖给了当地的一位神甫，神甫又打算把它献给君士坦丁总督的翻译员。正当神甫准备把雕像装船启运时，马采留斯刚巧赶到。马采留斯向神甫交涉

▲ 《断臂维纳斯》

出让，被神甫断然拒绝。于是双方展开激烈的争夺。在混战中，维纳斯雕像被抛在泥泞里，双臂被摔断了。官司打到米洛当局，米洛当局以8000银币将雕像卖给了法国人。现在该雕像收藏在法国卢浮宫。

100多年来，很少有人知道维纳斯雕像断臂之前的形象。后来在旧档案中发现了杜蒙·居维尔的回忆录，它记述了居维尔是最初在伊奥尔科斯家看到的完整雕像：维纳斯右臂下垂手扶衣衿，左臂上伸过头，握着一只苹果，双耳还悬有耳环。然而至今无人能将此雕像复原。

秘色瓷的奥秘

在法门寺地宫未开启之前，秘色瓷一直是个谜。人们只是从记载中知道它是皇家专用之物，由"越窑"特别烧制，从配方、制坯、上釉到烧造整个工艺都是秘不外传的，其色彩只能从唐诗"九秋风露越窑开，夺得千峰翠色来"等描写中去想象。法门寺地宫出土的瓷碗、瓷盘、瓷碟，从"地宫宝物碑文"中得知，原来它

▲ 《秘色瓷》

们就是"秘色瓷"！这些秘色瓷色泽绿黄，晶莹润泽，尤其是其中两个银棱秘色瓷碗，高7厘米，口径23.7厘米，碗口为五瓣葵花形，斜壁，平底，内土黄色釉，外黑色漆皮，贴金双鸟和银白团花五朵，非常精美，这才让今人一睹秘色瓷的风采。地宫中发现的13件宫廷专用瓷——秘色瓷，是世界上发现有碑文记载证实的最早、最精美的宫廷瓷器。

这些秘色瓷器的发现在我国陶瓷考古史上具有突破性的意义，为鉴定秘色瓷的时代和特点提供了标准器。

复活节岛上的石像

1722年的复活节日，荷兰伟大的探险家雅可布·洛吉文正在南太平洋面航行，南美海岸远在2000英里之外，已经很久没有见过陆地的影子了。突然，地平

线上出现了一座任何欧洲人从未见过的岛屿，当他们靠近这个荒芜的岛屿，一个奇怪的景观将所有的人震惊了，"那儿竖立着高高的奇异巨石像，约30英尺高，头顶有冠帽，在石像四周是铺砌的石头"。"岛上的土著对这些巨像顶礼膜拜。"这是人类第一次目睹荒岛上的神秘巨像，因为是洛吉文在复活节日发现的，所以将小岛命名为"复活节岛"。现在，这个岛属智利瓦尔帕莱索省管辖。当地人称之为"拉帕努伊岛"，意即"石像故乡"，也有人说是"地球脐部"或"地球中心"的意思。在岛的四周，有800多尊巨大的半身石像，石像是用整块的火山岩雕成，一般高7~9米，重90吨左右。它们整齐地排列在4米多高的长条形石座上，石座上一般放4~6个石像，个别的多达15尊。奇怪的是所有的石像全部面朝大海。这些石头人都长着长长的头，长长的高鼻子，深凹的眼睛，垂肩的长耳和突出的嘴唇，头戴帽子，一双手放在肚前，朝着无边的大海翘首遥望，一副茫然若失的样子。

在岛的东南部山区，还有300多尊尚未完工的巨像，最大的高达22米。重约400吨，光石像的帽子就有30吨重。附近拉诺拉拉库火山处，还有40多个神秘的洞穴和许多尚未完成的雕像。岛上还有一尊奇怪的"鸟人像"，和一些被称为"说话板"的木板，由于殖民者的掠夺和岛上居民用木板生火，现在只剩下21块了。这些文字由正反两行写成，或许是为了两个人共同阅读而作，所以叫"说话板"。据说这种文字是一种极其古老的文字，至今无人读懂。

当时的人为什么要雕刻石像？他们用什么方法开采巨石？又怎样将那些巨大沉重的石像竖起来？那些未完工的雕像为什么突然间被抛弃？这许许多多的疑问，至今人们还没搞清楚。

中国的石狮子

石狮子在中国有着悠久的历史，是流传最广的一种雕刻艺术品。它们有的凶猛威武，有的活泼可爱，有的雍容华贵，有的朴素洗练，但是都与真狮子的模样大不相同。那么，为什么中国的石狮子不按照真狮子来雕刻呢？

狮子的故乡在非洲、西亚等地，而中国并不出产狮子。直到西汉时期，汉武帝派遣博望侯张骞出使西域，开辟了沟通中亚、西亚的丝绸之路，狮子才进入中国。据《后汉书》记载：在章和元年(公元87年)"西域长史班超击莎车大破之。月氏国遣使献扶拔师子。"据此可见狮子最初是作为贡礼献给中国朝廷的。可想而知，能够亲眼看到真狮子的人必定是很少的。所以中国古代雕刻家在雕刻石狮子时，基本上是根据口传，再加上自己对狮子形象的想象来创作的。

从我国现存的东汉石狮来看，其外形上都是以猛虎为原型，再加上狮子的明显特征来雕造的。因此北魏时，宋云等人在犍陀罗国见到真狮子后，才感到中国的石狮子与真狮子体态有些不符。从艺术创作方法来说，中国古代艺术家往往重"神似"，而轻"形似"。手法概括洗练，富有装饰趣味。当他们在雕刻石狮子时，运用夸张的艺术手法，注重表现狮子的威武、悍烈、凶猛和强健等内在精神。有的甚至还把中国传统的神兽观念融合到创作中去，给石狮子加上头角，添上翅膀，将它神化。中国的石狮子一开始就呈现出独具一格的艺术风貌。它们既有真狮子的神韵，又与真狮子的体态不尽相同，而且与西亚、西欧国家的写实性的石狮子也有明显的区别。所以外国人喜欢称中国的石狮子为"中国狮"。

纳斯卡巨图之谜

在秘鲁的一些地方，有许多神秘的荒原图案，其中最有名的是纳斯卡巨图。

纳斯卡山谷位于秘鲁靠近太平洋的伊卡省，那里有一片250平方千米的荒凉平原。

当人们乘坐飞机从空中俯视，会发现整个纳斯卡山谷布满了几何图形和螺旋线条，大小从几千米到几十千

▲ 上图画的是一只巨大的蜂鸟，只有从空中俯视时才能看清。

米不等。这些图形经过专家辨别，分别是蜥蜴、蜘蛛、孔雀、鱼和某些植物，还有些是地球上从未见过的异禽怪兽。更奇怪的是，每隔一定距离，就重复出现一个与前面完全相同的图案，像是用一台巨型复印机在地面上复印出来的。镶嵌在大地上的这些巨幅图案，长期以来一直被认为是人类文明的奇迹之一。

一位研究者在黎明中登上山头，发现原来认为只有在飞机上才能够看出的

▲ 这一幅超大图案，从高空往下观看，"画"得像一只猴子。

巨图，在朝阳的斜射下，竟也清楚地展现在眼前（这只在地面绘制的"大鸟"，全长135米，一笔画成，干净利落）。但太阳一升高，巨图立即就在眼前消失了。这表明画的作者不仅是一位优秀的艺术家，而且还是一位卓越的光学专家。他能够准确地计算出黎明时朝阳斜射的光线角度，并据以确定巨图各线条的宽度和深度，使之在阳光斜照下能跃然浮现于地面。

更让人惊奇的是，最近又有人发现巨图中某些线条竟似飞行时的"标志线"。"标志线"由平原向山坡伸展，遇悬崖便沿斜坡迂回，好像是在山峦中开凿出的一条公路。沿其飞行，就能把飞机领航到纳斯卡高原上空。一些人进一步推

论，这不是一幅简单的巨图，巨图中的某些线条更像是飞机"跑道"。于是有人大胆地猜测，这也许是"外星人"飞行器的跑道遗迹。

曾侯乙墓编钟之谜

曾侯乙墓编钟是我国乃至世界文化史上的杰作。然而曾侯乙墓的编钟并非曾国制造的器物，而是楚国制造的。

据编钟下层中央的一个甬钟的铭文记载，这套编钟是楚惠王56年(公元前433年)惠王送给曾侯乙做殉葬品的。

公元前506年，吴楚大战于柏举(今湖北麻城)，吴国统帅孙武、伍子胥率吴军"五战及郢"，楚惠王的父亲楚昭王使人将火燧系于象尾，点燃火燧，象受惊狂奔，以冲吴师，昭王才得以乘乱逃出郢都。

楚昭王逃到随国(即曾国)，吴人尾随赶到，威逼着随君(曾侯)交出楚王，并以汉水以东土地划归随国为诱饵。就在局势万分紧急之际，随军不顾吴国的威胁利诱，拒交楚王，终于为楚军赢得时间，借助秦师打败吴国，随君(曾侯)也就成了楚昭王的救命恩人。故楚惠王特意铸造了一套精美的编钟来祭奠这位一生爱好音乐的"曾侯乙"，以报救父之恩。

人物奥秘

历史人物就是那些在历史发展过程中起到过重要影响，在历史长河中留下了足迹的人。评价历史人物是研究历史的一个重要部分，探究这些历史人物的生平故事，能够帮助我们更加深入地了解历史。

伊尹到底是不是良相

据《帝王世纪》记述，伊尹一生辅佐商朝五代帝王，年逾百余岁而寿终正寝。伊尹死时，太甲之子沃丁以天子之礼厚葬伊尹，对伊尹的丰功伟绩给予充分地肯定。

从《史记》、《尚书》等重要历史古籍中我们了解到，伊尹在夏朝末年来到商汤处，替汤出谋划策，攻灭夏桀，奠定了商朝基业。后来汤去世，伊尹扶立汤的儿子仲王。仲王死后，伊尹又扶立汤的孙子太甲为王。但是，太甲即位后，一味沉湎于酒色，不理朝政，眼见江山岌岌可危。伊尹百般规劝太甲无效，便在于桐的王陵墓旁建一宫舍，强行将太甲送于宫舍令其反省。伊尹自摄国政，治理大商王朝。3年过后，伊尹亲自将太甲迎回都城，归还国政于太甲，自己仍做臣相悉心辅佐。从此，太甲改过自新，勤政爱民，受到百姓拥戴。而伊尹也因此受到朝野内外一致褒奖，被后人推崇为中国历史上著名的贤相。

不料，在伊尹去世千年之后，西晋武帝太康年间，在汲郡（今河南卫辉市）战国墓中发现了一部《竹书纪年》。该书纪称："仲王崩，伊尹放太甲于桐，乃自立。伊尹即位，七年，太甲潜出于桐，杀伊尹；乃立其子伊陟、伊奋，命复其父之田而中分之。"

一部《竹书纪年》，使贤相伊尹成了篡位的奸相逆臣。这到底又是怎么回事？有学者指出，《竹书纪年》中称，太甲杀伊尹而立其子伊陟、伊奋为相于情理不通。

但是，历史上的事情是不能靠情理来推断的，这就给后人留个难题，原本圣贤的伊尹究竟是还政太甲而后善终，还是逐主篡位后惨遭杀害？现在还是个谜。

历史上有无西施其人

一些历史学家指出，春秋战国时期并无西施其人。因为在那之前200多

年，就有史书记载："毛嫱、西施，天下之美人也。"因此有些学者认为，西施只是古代对美女的称谓，并不是专指某一个人。

但后人对上述观点不感兴趣，或者说是不愿接受。因为，悠悠历史长河，在民众的心目中，西施是具有沉鱼落雁之容的美女，是不可更改的美的化身。西施的美已被公众认可，人们宁肯信其有，绝不信其无。

据成书于东汉时期的《吴越春秋》记载，西施在吴越交战中起到了至关重要的作用。西施凭借自己倾国倾城的美貌，肩负颠覆吴国的使命，毅然入吴做了吴王夫差的宠妃。西施的美色，使吴王无心料理国事，最后败于越王勾践之手。

而西施最后怎么样了呢？有人说，西施被越王装入口袋沉江而死，此举意在不让"美色亡国"重演。《吴越春秋·逸篇》有这样的记载："吴亡后，越沉西施于江令随鸱夷而终。"有人反对这种说法，认为西施为越王灭吴功绩卓著，被越王沉江于情理不容。

东汉人袁康著书称，西施在大功告成之后，随范蠡远游他乡，过隐居生活去了。也有人说，西施在吴国灭亡后重返故乡，依旧每日浣纱。后来在一次浣纱时，不慎落水而死。西施之美，在人们的心目中，永远都是完美无瑕的。

老莱子是历史人物吗

相传老莱子是春秋末年楚国隐士。为躲避战乱，他在蒙山下从事农耕孝养父母。70岁的时候，还经常穿着五彩斑斓的衣服，端着汤水，亲自送往父母的居室。有时，故意跌倒，就势躺在地上学小孩哭；有时，模仿天真烂漫的儿童模样，在父母身边玩弄小鸟，哄父母开心。楚王听说他才高德厚，便请他到朝廷做官，老莱子拒绝了，于是又偕同妻子迁居江南隐居。

上述故事在民间广泛流传，但是，历史上是否确有老莱子其人，学术界却一直争论不休。一种意见认为，老莱子是一个真实的历史人物。持此说者，有战国

▲ 《戏彩娱亲》浮雕

时期的思想家尸佼，哲学家庄周，西汉经学家、目录学家、文学家刘向等人。尸佼在其所著的《尸子》一书中，直接引用了老莱子所著的书籍《老莱子》的言论；庄周在《庄子·外物篇》中，叙述了一个老莱子训孔子的故事；刘向在《列女传》中则渲染了老莱子娱亲的故事。

还有一种意见认为，老莱子是"合二而一"式的人物。持此观点的人分为两派：一派认为，老莱子就是道家的老子。南宋罗泌成、清代孙星衍、近代人钱穆皆持此说。如钱穆在《先秦诸子系年·老子杂辩》中果断地说："孔子所见老莱子即老子。"

另一派认为，老莱子其人子虚乌有。孙次舟《跋〈古史辨〉第四册并论老莱子之有无》认为：老莱子是"由《庄子》寓言附会而成事实者"。

上述说法，哪种更符合历史原貌，还有待于对史料的进一步发掘和研究。

吕不韦是不是秦始皇的生父

▲ 吕不韦

战国时期，秦国阳翟有一个大富商名叫吕不韦。吕不韦不满足经济上的富有，一心想要在政界谋得一席之地。

秦昭王的孙子子楚被赵国扣押充当人质，吕不韦不失时机力劝子楚，讨好其父的宠妃华阳夫人，使其收子楚为义子。秦昭王死后，安国君即位，立子楚为太子。安国君不久去世，子楚顺利继承王位。这位秦庄襄王为报吕不韦大恩大德，将吕不韦封为信侯，拜丞相。

此后不久，吕不韦忍痛割爱将自己最心爱的赵姬献与子楚。这位天生丽质的美女入宫后不久即为秦庄襄王生下一子，此子取名嬴政，即名扬千古的秦始皇。

而在吕不韦将赵姬献与秦庄襄王之前，赵姬已怀有身孕。当秦庄襄王死后，吕不韦仍与已成为太后的赵姬私通。所以，秦始皇是吕不韦之子似乎不容置疑。

但是，这段《史记》记载的历史，既叙述了赵姬入宫前就怀有身孕，但又记载着赵姬嫁与秦庄襄王后足月生子。而《战国策》一书对吕不韦献赵姬一事只字未提。如此受关注的事情，在该书中未被提及，足以使后人对秦始皇是吕不韦之子一说产生怀疑。

从历史资料记载中可以看出，秦始皇从小就讨厌吕不韦，丝毫看不出他们有父子之情。反而当秦始皇成年时，趁政治条件成熟之机，

▲ 秦始皇

一举铲除了吕不韦、嫪毐两派。秦始皇对与其母通奸的嫪毐处以极刑。而对吕不韦网开一面，迫其迁徙他乡。吕不韦其后服毒自杀。由此看来，秦始皇与吕不韦的关系并非父子关系。秦始皇的身世也因此而不明不白。

韩信何故被杀

韩信是历史上赫赫有名的将军。他竭心尽力辅助汉高祖刘邦打天下，其功勋卓著有口皆碑。当大功告成之后不久，韩信却被刘邦处死。

韩信何故被杀，在我国史学界一直对此有所争论。

一种观点认为，杀韩信杀得有理。韩信一向居功自傲、野心勃勃。在楚汉战争的关键时刻，曾威逼刘邦封他为王，并时常有谋反之举。刘邦念其有功，对韩信也只是降职免于处死。而韩信不思悔改，总是耿耿于怀伺机谋反。

▲ 刘邦

为汉初社会的稳定发展，避免再次出现与楚汉相争类似的局面。萧何与吕后依刘邦之意设计杀了韩信，清除了再度引发战乱的隐患。因此，有人认为杀掉韩信，是为西汉王朝除了一害，于历史发展有益。

另外一种观点认为，韩信死得无辜。

据当时的情况分析，韩信在重兵在握之际，从无反叛之意，而当困居长安之时，怎会突生反叛之举呢？何况告发韩信有意谋反，是被韩信准备处死的一名罪犯的兄弟。这人的话可信吗？

▲ 韩信

再说如果韩信真是谋反逆臣，那么为何在抓获韩信后立即处死，并不将韩信罪过昭示众臣呢？

由此有人想到，在中国封建专制社会，凡功高盖主的忠臣良将，大多都无好的下场。其原因很简单，善打天下的猛将，对封建帝王的独裁统治，无疑是最大的威胁。

因此，韩信被杀的原因，似乎有很深刻的政治因素。

▲ 吕后的皇后之玺

昭君出塞是否出于自愿

西汉时期，宫女王昭君远离汉室，赴塞外荒漠，嫁匈奴呼韩邪单于为妻，使汉匈和睦，江山巩固。

有关昭君出塞的故事，在中国历史上已是家喻户晓，成为千古美谈。据史书记载，王昭君系慷慨应召，"请掖宫(后宫)令求行"。如此说来，昭君出塞是出于自愿的了。

有人解释，昭君久居深宫，数载未曾皇帝召见。如此寂寞难挨的漫漫长夜，比大漠荒凉的塞外更令人可怕。因此，王昭君主动应召，以冰肌玉肤之躯，行汉蒙和亲之举。加上后来许多文人的润色，昭君的深明大义越发令人可歌可泣了。

而在史书上还载有另外一种说法。据说汉元帝召宫女晋见，全凭画师毛延寿所画宫女肖像。当时，宫女们争相贿赂毛延寿，求其美化容颜，幸得皇帝召见。而王昭君自恃美貌，从不理睬毛延寿。毛对昭君耿耿于怀，将王昭君画得一副丑态，由此，深宫数载也未得皇帝召见。当王昭君被许配呼韩邪单于时，汉元帝始见王昭君真实面目。美丽无比的王昭君，使汉元帝惊叹不已。元帝无论如何也未想到，后宫竟有如此绝代佳人。

还有一种传说，毛延寿之所以故意丑化王昭君，完全是出于保护

▲ 清代画家倪田绘《昭君出塞图》

汉室江山的好意。因为，好色之君汉元帝，如若见到王昭君这样的美貌仙女，怎还能有心去料理国事？

昭君因其未曾露出真面目而远走塞外，对于她个人来讲无疑是个悲剧。但对西汉王朝却是一大幸事。王昭君以她风华绝代的姿容，为历史发展作出了积极的贡献。

▲ "单于和亲"瓦当

内蒙古包头出土的"单于和亲"瓦当，是西汉与匈奴通过婚嫁达到政治联姻的实物见证。

关羽由人变"神"

提起关公（又称关羽、关云长），可谓家喻户晓，无人不知。这位红脸美髯、威风凛凛的"大丈夫"自成名以来声名日隆。宋代，宋哲宗封他为"显烈

▲ 作为财神被人供奉的关羽

王"，宋徽宗封他为"义勇武安王"。明清时代，关公地位更是扶摇直上。明神宗封其为"协天护国忠义帝"，清政府尊其为"三界伏魔大帝""神威远震天尊关圣帝君"。清代顺治年间，关公不仅被封为"忠义神武关圣大帝"，而且每年得到隆重祭祀。

就这样，关公从一名武将，升格成为"关帝"。人们还将他与"文圣人"孔子相提并论，称他为"武圣人"。关公被不断加封的同时，还成了佛道并尊的超级偶像。道教封之为"关帝圣君"。佛教列其为伽蓝神之一，在常见的十八罗汉旁，塑关公像以供奉之。

关羽由人变成了"帝"和"神"，主要是他的以勇立功、以忠事主、以义待友的处事方式契合封建各阶层的心理所致。对于封建统治者来说，关羽忠于主子、为皇家创业的精神，完全符合其网罗忠君之士巩固政权、加强统治的心理。由此，历代帝王当然要不断为其加封，这就对关羽的神化，起了推波助澜的作用。而对于老百姓来说，关羽的勇

▲ 河南洛阳关林是埋葬关羽首级的地方

关公——万能之神

在民间，关公也被神化，成为无所不能的神灵：他能消灾避邪，去祸纳福，保佑平安，主持公道，甚至还能招财进宝，给人福禄。旧时，农村求雨、械斗时，无不求助于关公，甚至婴儿的摇篮上也要拴上写有关公名字的牌。年轻的父母期望：关公的青龙偃月刀砍断索命小鬼，保佑婴儿健康、宅第平安。由此，关帝也被许多行业奉为守护神，如描金业、绸缎业、典当业、银钱业、豆腐业、皮箱业、理发业等等。作为万能之神，关公受到了普遍而执著的崇拜。人们除了营建关帝庙烧香膜拜外，还在农历五月十三关公生日这天，举行热烈的关帝庙会，进香礼拜，演戏谢神，以敬祀关公。

武忠义品格，也符合他们传统的道德观念。人们把他视为铁骨铮铮、侠骨义胆的好汉和英雄，所以，关帝又得到了民众的广泛接受和尊崇。

杨贵妃魂归何处

杨贵妃既天生丽质，又有过人的聪颖；既有妖艳的体貌，又有动人的风情。难怪风流天子唐玄宗对杨贵妃宠爱备至，一宠就是20载。

那么，这位倾城美女的归宿如何呢？《资治通鉴·唐记》中载："上命力士引贵妃于佛堂，缢死之。"《杨太真外传》一书细述："上入行宫，抚妃子出于厅前，至马道北墙口而别之，使力士赐死。妃泣涕呜咽，语不胜情，乃曰：'愿大家好往。妾诚负国恩，死无恨矣，乞容礼

▲ 唐玄宗

佛。'帝曰：'愿妃子善地受生。'力士遂缢妃于佛堂前梨树下。"史书记载的杨贵妃，于佛堂前了结一生。唐玄宗对爱妃的离去，也仅仅是不忍目睹而已。

▲ 杨贵妃墓
唐玄宗的宠妃杨贵妃被缢死后，葬于马嵬坡（今陕西兴平县西）。

而近代一些海内外学者，对杨贵妃之死持不同看法。

我国著名红学家俞平伯先生认为，马嵬驿兵变中被杀的杨贵妃，只是杨的替身，真正的杨贵妃逃出宫外，沦为娼妓。俞平伯先生是根据白居易的《长恨歌》作出推断的。

日本的一些学者认为，杨贵妃在兵变时并未被杀，叛军首领倾慕杨贵妃的美貌，出于怜香惜玉之心，以侍女代杨贵妃处死，将杨贵妃保护起来，后护送到日本，一直隐居在外。因此，在日本传出有杨贵妃的遗迹所在。

杨贵妃是否真的逃脱了被杀的厄运，这

▲ 贵妃出浴图

恐怕只有唐玄宗或高力士等极少数人才知真相。

如果从情理分析，杨贵妃与唐玄宗卿卿我我，唐玄宗不会忍心让杨贵妃去死。但从当时的政治局势来看，唐玄宗已无力回天，又怎能考虑一个妇人的命运。杨贵妃的归宿只能凭猜测了，而享尽荣华富贵的杨贵妃倒也确是"死无恨矣"。

建文帝是否自焚而死

公元1402年6月12日，燕王朱棣率军攻进南京城。当时，建文帝的皇宫燃起一片大火。火光之中，皇后马氏带7岁太子投火自尽，而建文帝却不知去向。大火灭后，在一片灰烬之中，有一具烧得焦烂不堪的尸体，有人告之燕王，这就是建文帝。但在此后几十年乃至数百年里，建文帝是否焚烧而死，一直存在诸多疑问。

清代王鸿绪在其《明史稿·史例议》一书中，以大量笔墨论述建文帝死于燕王逼宫时的那场大火。王氏称建文帝的下场为"虐杀宗藩，自遭众弃，势穷力竭，而后一死了之。"清代学者钱大昕也在《万斯同传》书中认定，建文帝最后是纵火自焚而死。

但是，有不少人认为，建文帝并未投火自焚，而是趁乱逃亡了。据《明史·恭闵帝本纪》载："都城陷。宫中火起，帝不知所终。燕王遣中使出帝后尸于火中，越八日壬申葬之。"这"不知所终"分明是对那焚烧后的尸体表示怀疑。

遗憾的是，尽管下了很大的力气，遍查州郡乡邑，也未查出个究竟。朱棣只好心有余悸地忧心生活了。

有说建文帝逃匿后削发为僧，但也拿不出真凭实据。因此，建文帝之死也成了一桩悬案。